育德 · 劝学 · 健体

青少年版

育德·劝学·健体

学国学用国学

刘方成
编著

北京日报 报业集团

同心出版社

目　录

育　德

劝 学

健 体

学国学　用国学

育德

育德·劝学·健体

人之初，性本善①

【原文】

　　人之初②，性本善③。性相近，习相远④。苟不教⑤，性乃迁⑥。

【注释】

　　①语出宋代王应麟《三字经》。②人之初：人刚生下来的时候。③性：天性，本质。④习：习性，指长期在某种自然条件或社会环境影响下所养成的特点。⑤苟：如果。⑥迁：改变。

【原文大意】

　　人刚生下来的时候，本性是善良的；孩子们的天性是很接近的，但在客观环境的影响下，孩子的本性会改变；如果不教育，孩子就可能变坏。

【要点提示】

　　人出生时，就像一张白纸、一块白布，"一尘不染"，他的本性是好的，是善良的。日复一日，月复一月，随着时日的增长，孩子因为受到生活环境的影响，会逐渐变化。孩子接受好的影响，日渐完善；接受坏的影响，日趋变坏。在这种情况下，如果不重视教育，孩子就可能养成一大堆毛病，善良的本性就可能变坏。所以，教育孩子要从一出生就抓起，使孩子成长为一个理想的好孩子。

凡是人，皆须爱①

【原文】

　　凡是人，皆须爱②；天同覆③，地同载④。

【注释】

　　①语出清代李毓秀《弟子规》。②爱：指尊重关爱。③覆：覆盖。④载：承载。

【原文大意】

　　人与人之间，都应该互相尊重、互相关心。因为我们都生活在同一蓝天下，同一地球上。

【要点提示】

　　我们注重培养的是大爱精神，倡导用爱心对待别人。现在的提法是：我们都生活在叫地球村的地方。这是一个互相依存的世界，是一个共生的世界，它需要我们用大爱思想共同努力，建设一个和谐的社会、和谐的世界，走共同繁荣之路，享共同幸福和平的生活。

能亲仁，无限好①

【原文】

　　能亲仁②，无限好；德日进，过日少③。

【注释】

　　①语出清代李毓秀《弟子规》。②亲：亲近，接近。③过：过错。

【原文大意】

　　能亲近讲仁德的人，自己会得到无限的好处：高尚的品德日日增加，过错也会天天减少。

【要点提示】

　　"近朱者赤"，常接触品德高尚的人，耳濡目染，听到的是圣人的教诲，看到的是积善行德的举止，日复一日如此，自己也会提高的。所以我们应该注意接触的人必须是品德高尚的人，连居住的环境也该注意，"里仁为美"，选择讲仁德的人们住的地方生活，即使属仿效，也会日有增益的。

见人善，即思齐①

【原文】

　　见人善②，即思齐③；纵去远④，以渐跻⑤。

【注释】

①语出清代李毓秀《弟子规》。②善：指优点。③思齐：想着向人看齐，学习。④纵：即使，纵然。去：离，离得。⑤渐：渐渐地，逐步。跻（jī）：提高。

【原文大意】

看到别人的优点，就该马上向别人学习；即使相差很远，也要渐渐地追上。

【要点提示】

"见贤思齐"，这是孔子的教导，也就是"择其善者而从之"。见"善"的善包含广泛：善行义举，与人为善，劝人向善，成人之美，救人危难，注意环保，孝敬父母，尊重长辈，施福报恩，刻苦学习等等。是好就学，真正学，努力学，学到手。

道人善，即是善①

【原文】

道人善②，即是善③；人知之，愈思勉④。

【注释】

①语出清代李毓秀《弟子规》。②善：优点，做的好事。③善：善行，好的做法。④愈：更加。勉：勉励，自勉。

【原文大意】

宣传别人的优点、做的好事，这本身就是一种善行。当人家知道有人赞扬他时，他会更加努力，发扬他的长处。

【要点提示】

把别人的优点、做的好事宣传出去，可以让更多的人向他学习，有更多的人去学好人做好事。当被宣传者知道有人赞扬他，有更多的人效仿他，他会很高兴，会更加严格地要求自己，继续努力，不断提高，做更多的好事。这是非常好的做法。

善相劝，德皆建^①

【原文】

善相劝^②，德皆建；过不规^③，道两亏^④。

【注释】

①语出清代李毓秀《弟子规》。②劝：劝勉。③规：规劝。④道：道德。亏：亏损。

【原文大意】

朋友间相互劝勉行善，双方的道德都会日趋完善；朋友有了过失却不规劝，双方在道德上都会有缺失。

【要点提示】

善言，你说、我说、大家说；善行，你做、我做、大家做；你劝我，我劝你，大家一起说善言，做善事，共同帮助完善道德。你有错，我不管；我有错，你不说，双方道德都有缺失，双方都互不负责。帮，互建德；"过不规"，互损德。

德立，百善从之^①

【原文】

一德立，而百善从之^②。

【注释】

①语出宋代杨时《河南程氏粹言·论道篇》。②从：随之而来。

【原文大意】

培养了美好的品德，各种善事也就会随之而来了。

【要点提示】

品德修养好了，种下了善根，就有了善心。有了善根、善心，就会存善念，说善言，行善事，积善业，建善功。品德修养好了，植了善根，就会长善苗，结善果。一德立，百善从之。

善，从之；不善，改之^①

【原文】

子曰："三人行^②，必有我师焉^③；择其善者而从之^④，其不善者而改之。"

【注释】

①语出《论语·述而》。②三人行：指许多人在一起。③焉："于"、"之"，指在这里，在其中。④从之：向他学习。

【原文大意】

孔子说："许多人在一起，其中必定有人可以做我的老师。选择他们的优点，向他们学习；对于他们的缺点，我当作自己的警戒。"

【要点提示】

这是一段流传古今的名言，要重视，要学用。孔子以善者为师，向善者学习；对于恶者，也以他为反面的老师，以其恶作为警戒。"见贤思齐"，见恶引以为戒。孔子虚怀若谷、虚心学习的态度，也值得我们学习。

勿以善小而不为^①

【原文】

勿以恶小而为之^②，勿以善小而不为。

【注释】

①语出《三国志·蜀志·先主传》。②恶：指坏事。为：做。

【原文大意】

　　不要因为坏事小就去做，也不要因为善事小而不去做。

【要点提示】

　　不能做坏事，哪怕很小很小的坏事也不能做。很小的坏事你不当回事，如若接着做，你就会积恶成灾，变成坏人。相反，好事虽小也不要不去做。如若日行一善，一年就有三百六十五件好事是你做的，十年呢？积善成德，你会成为受世人欢迎、对人类有贡献的人。

善 也 吾 行①

【原文】

　　善也吾行，不善吾避。

【注释】

　　①语出唐代韩愈《子产不毁乡校》。

【原文大意】

　　是善行的事，我就去做；是不善的事，就回避。

【要点提示】

　　人必须要能分辨真、善、美和假、恶、丑。是真善美的，就支持，就赞赏，就去做；属假恶丑的，就反对，就批判，就坚决不做！只有这样，我们才能使自己成为品德高尚的人，使自己走在正道上。

善者，吾从之①

【原文】

　　其所善者②，吾则行之；其所恶者③，吾则改之。

【注释】

　　①语出《左传·襄公三十一年》。②其：指代众人。③恶：厌恶，讨厌。

【原文大意】

众人认为是好的，我就照着去做；众人讨厌的，我就改掉它。

【要点提示】

大家喜爱的，是好的，应当学，应当做；大家讨厌的，有就改，没有要防。从善要如同流水，使它畅行无阻。止恶要如同筑堤，不让点滴通行。人生，要扬善止恶。

但行好事①

【原文】

但行好事②，莫问前程③。

【注释】

①语出《名贤集》。②但：只。③前程：前途（的好报）。

【原文大意】

只要去做好事，不必关心是否得到好报。

【要点提示】

做好事，是美德，是利国、利民、利他人的善举。一贯做善事，说明你已成为具备爱心、善心的好人。做好事，不是为了谋取好名声，不是为了图回报。为名、为利而做好事，出发点就很丑陋。所以，我们要日行一善，坚持天天做善事，使自己成为一个品德高尚的人。

百善而不足①

【原文】

人之为善，百善而不足；人之为不善，一不善而足。

【注释】

①语出宋代杨万里《庸言》。

【原文大意】

人们做好事，做一百件也不要满足；要是做坏事，就是一件也不应做。

【要点提示】

修养品德，表现在行为上就是要做善事。做善事，要多多益善，做一百件也不算多，要做一辈子善事。做善事越多，自己的道德修养就越好。相反，不能做坏事，只要做了坏事，哪怕做了一件，也是不可原谅的。要一辈子只做善事，不做恶事。

千日行善，善犹不足^①

【原文】

千日行善，善犹不足^②；一日行恶，恶自有余。

【注释】

①语出明代吴承恩《西游记》（第二十八回）。②犹不足：仍嫌不够。

【原文大意】

做一千天善事，仍感到做得不够；哪怕某一天做了坏事，这一件坏事也是多余的。

【要点提示】

行善，是美德。日行一善，天天做善事，积少成多，积善成德，你就是真正具有美德的人了。坏事，是恶行。哪怕做了一件坏事，也是缺德！如若坏事做多了，你就成了坏人。人，切不可做坏事。

一毫之善，与人方便^①

【原文】

一毫之善^②，与人方便；一毫之恶，劝君莫作。

【注释】

①语出唐代吕洞宾《劝世》。②毫：计量单位，极小，一丁点儿。

【原文大意】

一丁点儿的善事，也可以给人带来方便；一丝一毫的恶事，劝你千万别做。

【要点提示】

善事做得越多、越大越好，哪怕是一丁点儿极小的善事也是做得多好。因为它有利于他人，给人方便。恶事行得越少、越小越好，哪怕是一丝一毫的小恶事也不能做。因为极小的恶事也会给人带来不利的结果。何况，善事培养自己的美德，恶事只能导致自己成为坏人。

近朱者赤①

【原文】

近朱者赤②，近墨者黑。

【注释】

①语出晋代傅玄《少傅箴》。②朱：朱砂，代表红色。赤：红色。

【原文大意】

接近红颜色的东西就会被染成红色，接近黑颜色的东西就会被染成黑色。

【要点提示】

青少年很容易受外界影响，就像近朱赤、近墨黑一样。因此，青少年应慎重选择交往的朋友，要远离那些不良的损友，因为和什么样的人相处，自己也会不知不觉受其影响。

非圣书，屏勿视①

【原文】

非圣书②，屏勿视③；蔽聪明④，坏心志。

【注释】

①语出清代李毓秀《弟子规》。②圣书：圣贤之书，指有价值、有益的书。③屏（bǐng）：摒弃，排除。④蔽：蒙蔽。

【原文大意】

如果不是有价值、有益的书，就放弃它；如果看了坏书，就会蒙蔽我们的才智，损害我们的思想和志向。

【要点提示】

我们要培养读书的兴趣，要读好书，要读有价值的书，读能增加知识、扩大眼界、益德、益才、益智的书。这样的书能让人向前、向上。坏书如毒品，诱你上瘾，把你彻底毁掉。

习礼仪，易为善①

【原文】

民习礼仪②，易与为善③，难与为非④。

【注释】

①语出宋代苏辙《李之纯宝文阁直学士知成都府》。②习：学习，熟习。③为善：做好事。④为非：做坏事。

【原文大意】

让老百姓熟习礼仪，就容易做好事，不容易做坏事。

【要点提示】

礼是人与人相处的社会规则，也是人与动物相区分的标志。礼的施行，往往是与德相连的，因此礼也属中华传统美德的范围。人们学礼、习礼、以礼相待，所以"易与为善"；而那些拒礼之人，缺礼之时也缺德，所以"难与为非"。礼重要，孔子说："不学礼，无以立。"

积善之家，必有余庆①

【原文】

积善之家，必有余庆②；积不善之家，必有余殃③。

【注释】

①语出《易经》。②余庆：很多喜庆的事。③殃：灾难，灾祸。

【原文大意】

多做善事的人家，一定会有很多喜庆的事；总做恶事的人家，一定会遭殃。

【要点提示】

积善成德，厚德载物。积厚德，好人来聚，好事临门，喜庆当然常在。积恶之家，恶贯满盈，坏人来聚，坏事临门；坏到极点，必有恶报，必定有祸来临。所以，还是积善吧！

从善如登，从恶如崩①

【原文】

从善如登②，从恶如崩③。

【注释】

①语出《国语·周语下》。②登：登山，登高。③崩：崩塌。

【原文大意】

想学好，就像登山一样，有难度；若学坏，就像山崩一样，极容易。

【要点提示】

凡有登山经历的人都知道：登山吃力，越往上越费劲。逐渐加重的感受是腿酸、呼吸困难、乏力。学好，就要严格要求自己，时时、处处、事事都要谨言慎行，这样才能成为品德高尚的人。学坏，如山崩地陷一样，一下子就堕入坏人的行列。学坏了，人们会鄙视你，甚至抛弃你。

积善与积恶①

【原文】

积善在身，犹长日加益②，而人不知也；积恶在身，犹火之销膏③，而人不见也。

【注释】

①语出汉代班固《汉书·董仲舒传》。②加益：更加（升高）。③销：消融。膏：膏脂。销膏：指灯烛燃烧时耗费油膏。

【原文大意】

积累善行，就像太阳渐渐上升，人们却没有发现它的变化。积累恶行，就像蜡烛在慢慢融化，人们却没有注意它的渐消。

【要点提示】

积善成德，积恶成祸。善虽小不可不为，恶虽小不可为之。积小善成大善，于国于民于他人有利；积小恶成大恶，于国于民于他人有害。积善吧，要植善根，存善心，起善念，说善言，行善事，成善果。

为善与为恶①

【原文】

为善虽人不知，积之既久②，自然善积而不可掩③；为恶而不知改，积之既久，必至恶极而不可赦④。

【注释】

①语出明代王守仁《南赣乡约》。②既：已经。③掩：掩盖。④赦：赦免。

【原文大意】

做善事虽然不被人知，积善事很久，早晚会显露人间；做恶事却不改，积恶很久，到一定程度一定会遭报应。

【要点提示】

做善事，不必被人知；做恶事，想不被人知只是暂时的，早晚会被万人恨。积善成德，美德是可贵的。积恶成灾，终会被人们遣责、受到惩罚。善有善报，恶有恶报！

与人善言，暖于布帛①

【原文】

与人善言②，暖于布帛③；伤人以言，深于矛戟④。

【注释】

①语出《荀子·荣辱》。②善言：美好的语言。③帛（bó）：丝织物的总称。④矛戟（jǐ）：古代的一种兵器。

【原文大意】

对人说美好的语言，比穿上布帛的衣服还暖和，用刺伤人的语言对待别人，比用矛戟武器刺人伤得还厉害。

【要点提示】

俗语说："好话一句三冬暖，恶语半句六月寒。"说话要考虑到对方的感受，也要想到出语的目的。是帮助人呢，还是打击人？否则，会收到伤人的效果。出于好心，要说善言，温暖了别人也加深了友谊。

为善则善应①

【原文】

为善则善应②，为恶则恶报。

【注释】

①语出宋代林逋《省心录》。②应：报应。

【原文大意】

做善事就有好的回报，做恶事就有恶的报应。

【要点提示】

人，做了善事，首先是受益人得到帮助，解决了他的困难，受益人当然会感谢做善事的人。善事做多了，知道你做善事的人也就越来越多，你将获得众多人的赞赏和信任。当然积善成德，你有美德这是更重要的收获。相反，做了恶事，遭人谴责，受人鄙视。恶事做多了，你成了恶人，你将会遇到回击，甚至受到法律的制裁。恶人，是世人所不容的。

善有善报，恶有恶报①

【原文】

善有善报，恶有恶报；不是不报，时辰未到。

【注释】

①语出元代无名氏《来生债》。

【原文大意】

存好心做善事就有好的回报，存恶心做坏事就会有不好的报应。做了坏事不是不报应，而是时候还没到来。

【要点提示】

这是广为流传的一句话，说明它获得广大人民的认同，得到了历史无数事实的印证。做善事，做大量的善事，肯定得到知情者的赞誉，得到人们的信任。做恶事，做大量的恶事，肯定得到知情者的反对，得到人们的谴责，甚至会得到法律的重判。说恶人遭到报应时辰未到，是他们得到暂时的逃避，但不可能逃避一世，早晚会暴露、被查出、被审判。

孝悌是仁之本^①

【原文】

　　子曰:"孝悌也者^②,其为仁之本与^③。"

【注释】

　　①语出《论语·学而》。②悌(tì):尊敬兄长。③仁之本:仁德的根本。

【原文大意】

　　孔子说:"孝敬父母,尊敬兄长,这是仁德的根基。"

【要点提示】

　　"仁"是孔子所创儒学的核心。仁德是从哪儿产生的呢?孔子说:源于孝。孝,是仁的前提,是仁的依据,也是仁的来源。不孝,就谈不上仁,不孝者,就是没有仁德。百善孝为先,要孝行天下。所以,我们要特别重视孝,一定要孝敬父母!

孝,德之本也^①

【原文】

　　子曰:"夫孝,德之本也^②,教之所由生也。"

【注释】

　　①语出《孝经》。②本:根本。

【原文大意】

　　孔子说:"孝道,是一切德性的根本,所有的教化都是由此产生的。"

【要点提示】

孔子讲，孝道是第一位重要的美德。有了孝道，才诞生了人类的其他美德。所以，一个人有了孝顺父母的品德，而后才有善待他人、尊重他人、讲忠义、讲诚信、讲礼仪、讲廉耻等美德。人若不孝，其他美德免谈。即使自称有忠、义、诚、信等，也全是假的！

圣人知孝①

【原文】

圣人知孝之可以教人也②，故因严以教敬③，因亲以教爱④。

【注释】

①语出《孝经·序》。②教人：教化百姓。③教敬：指教导、尊敬人。④爱：指爱护他人。

【原文大意】

圣人深知孝道可以教化百姓，可以根据子女孝敬老人的道理来指导人、尊敬人，根据父母爱护子女的道理来教导人、爱护人。

【要点提示】

这段引言是唐代皇帝唐玄宗为弘扬《孝经》思想，所作的序言中的一段话。这段话告诉我们：圣人孔子重视孝道、倡导孝道、详解孝道。孝可以指导人们用孝感化人、尊敬人、爱护人，用孝、爱来创建和谐社会。

入则孝，出则悌①

【原文】

子曰："弟子，入则孝，出则悌②。"

【注释】

①语出《论语·学而》。②悌（tì）：敬重兄长。

【原文大意】

　　孔子说："要教育子弟，在家孝敬父母，外出敬重师长。"

【要点提示】

　　孔子强调：作为自己的弟子，要把做人放在第一位。做人，首先要敬重父母、孝顺父母；同时要敬重老师、敬重兄长。这点，也完全适用于全社会的青少年。孝敬父母、尊重师长是培养优良品德的基本准则。这是青少年为人处事必须要做到的。

父母呼，应勿缓①

【原文】

　　父母呼②，应勿缓③；父母命④，行勿懒⑤。

【注释】

　　①语出清代李毓秀《弟子规》。②呼：呼唤，叫唤。③应（yìng）：答应。缓：迟缓，指拖延。④命：命令，指提出要求。⑤懒：懒惰，偷懒。

【原文大意】

　　父母召唤我们的时候，要马上应答，不要拖延；父母给我们提出要求时，要立刻去做，不要偷懒。

【要点提示】

　　父母把我们养育成人，恩比天高，比海深。做子女的一定要听父母的话，别让他们着急，别让他们生气。父母叫你，马上答应；父母让你做的事，就立刻去做。

父母教，须敬听①

【原文】

　　父母教②，须敬听；父母责③，须顺承④。

【注释】

①语出清代李毓秀《弟子规》。②教（jiào）：教导，教诲。③责：责备，批评。④顺承：虚心地接受。承：接受。

【原文大意】

父母教育我们的时候，要恭恭敬敬地听；父母批评我们的时候，要顺从地、虚心地授受。

【要点提示】

普天下的父母，绝大多数是爱自己子女的。他们全身心地养育子女，希望他们健康成长，茁壮成长；他们望子成龙，盼子女成才。因此，他们严格要求子女，百般呵护子女。所以做子女的一定要听他们的教导，接受他们的指正，使自己沿着正确的道路前进。

兄弟睦，孝在中①

【原文】

兄道友②，弟道恭③；兄弟睦④，孝在中。

【注释】

①语出清代李毓秀《弟子规》。②道：道理。友：友爱。③恭：恭敬。④睦：和睦相处。

【原文大意】

做哥哥的，要爱护弟弟；做弟弟的要尊敬哥哥。兄弟姐妹之间和睦相处，那么孝顺父母自然就包含其中了。

【要点提示】

孝顺父母，还包括兄弟姐妹之间的和睦相处。看到兄弟姐妹之间和睦相处，做父母的自然高兴。怎么才能保证和睦相处呢？做哥哥姐姐的要爱护弟弟妹妹，做弟弟妹妹的要尊敬哥哥姐姐。爱护关照，尊敬听话，这样的兄弟姐妹自然相处和睦了。

亲有疾，药先尝①

【原文】

亲有疾②，药先尝③；昼夜侍④，不离床。

【注释】

①语出清代李毓秀《弟子规》。②疾：疾病。③尝：尝一尝熬好的中药的凉热。④昼：白天。侍：服侍，照顾。

【原文大意】

父母生病了，做子女的一定要先试尝一下汤药的凉热。要日夜照顾他们，时时刻刻精心护理他们。

【要点提示】

人吃五谷杂粮，受环境、气候变化等影响，生病是难免的。当父母生病时，做子女的一定要精心照顾他们，随时观察他们的病况，为他们尝试熬好的汤药的凉热，昼夜服侍他们，让他们高兴，使他们尽早康复。父母生病时，他们最希望看到子女的身影，得到子女的关照。

事虽小，勿擅为①

【原文】

事虽小，勿擅为②；苟擅为③，子道亏④。

【注释】

①语出清代李毓秀《弟子规》。②擅（shàn）：擅自，自作主张。③苟：假如，如果。④道：指品德。亏：缺陷。

【原文大意】

有些事虽然很小，也不要自做主张；假如擅自做主，那就是做子女的品德上有缺陷。

【要点提示】

当孩子年纪不大的时候，没有生活经验，很多事分不清是非，不知深浅，所以做事要小心谨慎，要求得父母的指教。在这个年龄段，遇事自作主张、任意而为是很危险的；背着父母做事，有损人品；"苟擅为"，也是对父母不负责任的做法，要在父母知情的情况下健康成长。

物虽小，勿私藏①

【原文】

物虽小，勿私藏②；苟私藏，亲心伤③。

【注释】

①语出清代李毓秀《弟子规》。②私：私自。③亲：指父母。

【原文大意】

东西虽然不足轻重，也不要背着父母把它私下藏起来；如果父母发现你私藏东西，会很伤心的。

【要点提示】

父母在培育子女时，是全力以赴的，是无私的，是细致周到的，是无时无刻不如此的。假如你见到自己喜爱的东西，不管是玩的还是吃的，背着父母把它藏起来，目的是只供自己享用，那你的私心和你父母对你的无私相比，相差太远了！一旦父母发现你私藏东西，他们该多伤心啊！私藏独享，这样也太对不起父母了。

亲恶我，孝方贤①

【原文】

亲爱我，孝何难？亲恶我②，孝方贤③。

【注释】

①语出清代李毓秀《弟子规》。②恶（wù）：憎恶，讨厌。③贤：指有德行的人。

【原文大意】

父母疼爱我的时候，孝顺父母有什么难？父母讨厌我，我仍然孝顺父母，这种孝顺说明我真正是有德行的人。

【要点提示】

在备受父母关爱、呵护时，孝顺父母，是顺理成章的事，一点都不难。难的是当父母不喜欢我们时，见了就讨厌，以至憎恨我们时，我们仍然奉行孝道，孝顺父母。这种在逆境中孝顺父母的行为，说明我们的品德修养好。这才是真正的孝顺啊！

孝 之 至①

【原文】

孝之至②，莫大于尊亲③。

【注释】

①语出《孟子·万章上》。②至：指最重要的。③尊亲：尊重父母、长辈。

【原文大意】

恪守孝道，最重要的是尊重父母、长辈。

【要点提示】

实行孝道，有多方面的要求。然而其中最重要的一点，是要尊重父母、长辈。这就是要求晚辈时时在自己的心中有父母、长辈的位置，惦记着他们。父母、长辈的教导，要听；他们的建议，要重视；他们的批评、规劝，要认真对待；他们的需求，要倍加关注；对他们的缺点、不足，要宽容、谅解；对他们的错误，要寻求好的方法去规劝……记住：无论如何要尊重父母、长辈。

事父母能竭其力①

【原文】

事父母能竭其力②。

【注释】

①语出《论语·学而》。②事：侍奉。竭：尽心尽力。

【原文大意】

侍奉父母要做到尽心尽力。

【要点提示】

在这个世界上，父亲、母亲是子女最重要的人。因为我们的生命是父母给的；我们从降生到长大，是父母养育的；我们的智力、知识是父母和老师培育的。父母把全部的爱给了我们，倾心倾力帮我们健康成长。所以我们要报答父母。我们应该无条件地、全心全意地、尽心尽力地去孝顺父母。

事 亲 为 大①

【原文】

孟子曰："事孰为大②？事亲为大③。"

【注释】

①语出《孟子·离娄上》。②孰：谁。③事亲：侍奉父母。

【原文大意】

孟子说："侍奉谁最重要？侍奉父母双亲最重要。"

【要点提示】

人世间，谁离我们最亲、最近？只有父母！父母生育了我们，父母养育了我们，父母教育了我们。没有父母，就没有我们的生命，就没有我们的茁壮成长，就没有我们的今天！所以，作为子女，最重要的就是要侍奉我们的父母双亲，让他们健康，让他们快乐！

事心为上，事身次之^①

【原文】

　　人子之事亲也^②，事心为上^③，事身次之^④。

【注释】

　　①语出明代吕坤《呻吟语·伦理》。②事亲：指孝敬父母。③事心：努力使父母有好心情。④事身：照顾父母的生活。

【原文大意】

　　做子女的孝敬父母，首先要让父母有好心情，照顾好父母的生活是第二位的。

【要点提示】

　　孝敬父母，是做子女的天职，是做子女的必须做好的一件事。孝敬父母，首先是要关心双亲的心情。要关心、了解父母的心意、需求，要让他们高兴，要让他们每天有愉快的心情，过好每一天。照顾父母的生活是必须的，这与"事心"相比，是排在第二位的。总之，孝敬父母是子女爱心的表现，要把全心全意的爱献给父母。

父母之年，不可不知^①

【原文】

　　父母之年^②，不可不知也。一则以喜^③，一则以惧^④。

【注释】

　　①语出《论语·里仁》。②年：岁数。③喜：因父母高寿而喜。④惧：因父母年纪大、健康逐渐差了而担忧。

【原文大意】

　　做子女的，不能记不住父母的年龄。一来因为父母高寿而庆幸，二来因为父母健康逐渐差了而担心。

【要点提示】

　　儿女孝顺父母，有多方面的要求。其中之一是关心他们的年龄。儿女要为父母的长寿而高兴，同时也要为父母的健康逐渐下降而担忧。儿女要关心他们的身体状况，有病马上医治，无病要注意保养。父母健康长寿是儿女的幸福。

爱惜身体是孝的开始①

【原文】

　　身、体、发、肤，受之父母，不敢毁伤，孝之始也。

【注释】

　　①语出《孝经》。

【原文大意】

　　自己的身躯、四肢、头发、皮肤，都是父母给的，作为儿女不能让它们受到任何伤害，这是尽孝的开始。

【要点提示】

　　我们的身体、发肤虽归自己支配，但别忘了我们的生命是父母给的，我们的成长是父母付出心血的结果。我们伤了身躯、四肢、头发、皮肤，父母都会心疼。我们得了病，最担心、最焦急的是父母！因此，我们必须保护好自己，保证我们的健康，让父母放心。这是我们尽孝最起码应该注意、应该做到的。

爱亲者，敬亲者①

【原文】

　　子曰："爱亲者②，不敢恶于人③；敬亲者，不敢慢于人④。"

【注释】

　　①语出《孝经》。②亲：指父母。③恶（wù）：厌恶。④慢：怠慢。

【原文大意】

　　孔子说："热爱自己父母的人，就不会厌恶别人的父母；敬奉自己父母的人，就不会怠慢别人的父母。"

【要点提示】

　　热爱自己的父母，以己推人，就该深知人人爱自己的父母，所以就不会去厌恶别人的父母。敬奉自己父母的人，就能推知别人也敬奉他们的父母，于是就不会怠慢别人的父母。

以事父而事母、事君①

【原文】

　　资于事父以事母而爱同②，资于事父以事君而敬同。

【注释】

　　①语出《孝经》。②资：取。事：侍奉。以：用（它）来。

【原文大意】

　　取用侍奉父亲的心去侍奉母亲，对父母的爱是一样的；取用侍奉父亲的态度去侍奉君王，那么对君王的敬重和敬重父亲也是相同的。

【要点提示】

　　侍奉父母、敬重父母、热爱父母应该是一致的。没有父母，就没有我们；没有父母的栽培，就没有我们的成长、成才。所以我们做子女的就必须孝敬父母。用事父母的做法转而对待国家，这就是忠。只有真孝，才有真忠。

侍奉父母，色难①

【原文】

　　子夏问孝②。子曰："色难③。"

【注释】

①语出《论语·为政》。②子夏：孔子的学生。③色难：指保持和颜悦色很难做到。

【原文大意】

子夏向孔子请教孝的事。孔子说："（侍奉父母要一直保持）和颜悦色，难。"

【要点提示】

孝敬父母就应该在父母面前呈现和颜悦色的态度。这样，才让父母放心、高兴。但是，孔子说要坚持这样做，有时也难。假如自己遇到不高兴的事，或者碰到了困难，或者挨领导、老师的批评，或者病痛得非常难受……那怎么办？在父母面前，再难，也要注意保持和颜悦色。

能养，不谓孝①

【原文】

子游问孝②。子曰："今之孝者，是谓能养③。至于犬马，皆能有养；不敬④，何以别乎？"

【注释】

①语出《论语·为政》。②子游：孔子的学生。③能养：指只供养父母。④敬：恭敬。

【原文大意】

子游向孔子请教孝的问题。孔子说："而今所说的孝，只不过是给父母提供生活用品罢了。那么家里的狗、马不也得喂养吗？如果对父母不恭敬，只喂养，那和对待狗、马有什么区别呢？"

【要点提示】

孔子说：对父母要有"敬"，就是要尊敬，要敬爱，要关怀，要有人情、有亲情、有热爱之情、有感激之情。关怀是多方面的，不只是提供生活物资。只提供生活费用，不讲敬、爱、关怀、帮助，那不能称其为"孝"。

五不孝①

【原文】

世俗所谓不孝者五：惰其四肢，不顾父母之养，一不孝也；博弈②，好饮酒，不顾父母之养，二不孝也；好货财③，私妻子④，不顾父母之养，三不孝也；从耳目之欲，以为父母戮⑤，四不孝也；好勇斗狠⑥，以危父母，五不孝也。

【注释】

①语出《孟子·离娄下》。②博弈：赌博、下棋。③好（hào）：喜好。④私：偏爱。妻子：妻和子。⑤戮（lù）：这里指蒙羞。⑥好（hào）勇：好逞能。

【原文大意】

社会上所说不孝的情况是：一、四肢懒惰，不顾父母生活；二、迷恋赌博、棋艺，不顾赡养父母；三、贪图财货，偏爱自己妻子、儿女，不照顾老人；四、放纵自己的欢娱，给父母带来了羞辱；五、好逞强，打架斗殴，给父母造成了危机。

【要点提示】

孟子根据他生活时代的实际情况，总结出五种不孝的表现。其中包括懒惰、自私、赌博、贪财、贪图享受、迷恋声色、好斗逞凶等。或不顾生活，或使父母蒙羞，或给父母带来危害，这些都是不孝的表现。古人的这五不孝，今人也有表现。我们要引以为戒，切不可这样对待父母。

五者备，然后能事亲①

【原文】

子曰："孝子之事亲也，居则致其敬②，养则致其乐，病则致其忧，丧则致其哀，祭则致其严③。五者备矣，然后能事亲。"

【注释】

①语出《孝经》。②居：指日常的生活。③严：指态度严肃。

【原文大意】

孔子说："孝子侍奉双亲，要做到：在日常生活中，要以极敬重的心怀去照顾父母；供养双亲，要以最和悦的心情去服侍父母；父母生病了，要以非常忧虑的心绪去照料父母；父母去世时，要以最悲哀的心境去料理他们的后事；在祭祀父母时，要以最严肃的态度去追思父母的恩德。以上五点都做到了，才能认可你很好地侍奉了双亲。"

【要点提示】

孝顺父母是有具体内容的。那就是在日常生活中，要关怀备至，要敬重、和悦；父母病了，要千方百计给予救治；父母去世了，要认真地办好他们的后事；以后，在双亲的生日、祭日，要追思怀念他们，永远铭记他们的恩德。孝敬父母，时时、处处、事事都要一丝不苟地全心全意地表现出敬重、热爱、怀念、感恩的真情投入。

谁言寸草心，报得三春晖^①

【原文】

谁言寸草心^②，报得三春晖^③。

【注释】

①语出唐代孟郊《游子吟》。②寸草心：比喻子女的孝心。③三春：指孟春、仲春、季春，指春天的三个月。晖：阳光。

【原文大意】

谁说小草的真心，能报答得了三春阳光的恩情呢？

【要点提示】

万物生长靠太阳，小草也不例外。小草若知恩、报恩，那么一点点小草的孝心，又能报多少恩呢？更何况是像春天太阳普照的光辉，小草怎么报答得了呢？这里比喻父母的恩德，子女能报答多少呢？所以做子女的要尽心尽力地去孝顺父母，永远记住父母的恩德。

老吾老，以及人之老①

【原文】

　　老吾老②，以及人之老；幼吾幼③，以及人之幼。

【注释】

　　①语出《孟子·梁惠王上》。②第一个"老"：动词，相当于"敬重"。第二个"老"：老人。③第一个"幼"：动词，相当于"爱护"。第二个"幼"：幼儿，孩子。

【原文大意】

　　敬重自己的老人，也应该敬重其他的老人；爱护自家的孩子，也应该爱护别人的孩子。

【要点提示】

　　做子女，必须孝敬老人，爱护兄弟姐妹。这种孝心和爱心，不仅表现在自己家里，还应该将这孝心、爱心推向社会、推及他人，敬重所有的老人，爱护所有的孩子。这才是大爱。

已 诺 必 诚①

【原文】

　　其言必信，其行必果②，已诺必诚③。

【注释】

　　①语出《史记·游侠列传》。②果：果断。③诺：诺言，承诺。诚：真诚。

【原文大意】

　　人说话必须讲信用，做事必须果断，承诺必须出自真心实意。

【要点提示】

言必信，行必果，诺必诚，这是做人应遵循的原则。言不信，此人不可交；行不果，此人不可委托事；诺不诚，他说什么也别信。所以我们要说话算数，做事坚决完成，承诺一定兑现。这样，我们才能赢得别人的信赖，才能立足于社会，干出一番大事。

凡出言，信为先①

【原文】

凡出言②，信为先③；诈与妄④，奚可焉⑤。

【注释】

①语出清代李毓秀《弟子规》。②出言：说出的话。③先：第一。④诈：欺诈。妄：胡言乱语。⑤奚：怎么。

【原文大意】

凡是说出的话，首先要诚实讲信用。欺骗的话、胡言乱语，怎么可以呢！

【要点提示】

说话算数，这是做人的原则。开口说话，诚信为先，这说明你的为人是正直的，说明你办事是认真的，说明你是可信、可靠的。如果说了不算，用谎言应对他人，那么人们再也不必、不会信你。"言必信，行必果"这是一个必须遵循的为人处世的前提。

与 朋 友 交①

【原文】

与朋友交，言而有信。

【注释】

①语出《论语·学而》。

【原文大意】

和朋友交往的时候，要诚实相待，言而有信。

【要点提示】

真正的朋友，是所有财富中最重要的财富，因此应十分珍惜。对待朋友，要以诚相待。诚实相待就要守信用，言而有信，说到做到。言而无信，就会失去朋友。

谨 而 信①

【原文】

子曰："谨而信。"

【注释】

①语出《论语·学而》。

【原文大意】

孔子说："做事谨慎而诚实可信。"

【要点提示】

做事谨慎，就不会或少做错事。谨慎，是对国家、对人民、对集体、对他人负责任的态度。谨慎，是要做事前弄清什么事、要达到什么目的、用什么方法怎么做才能保证达标完成任务。诚信，是为人处事要诚实地对待，认真思考之后才说出合情合理的话，这种话是可信的。能"谨而信"地待人处事，才能把话说对，把事情办好。

诚 故 信①

【原文】

诚故信，无私故威②。

【注释】

　　①语出宋代张载《正蒙·天道篇》。②威：威信，这里指尊重。

【原文大意】

　　诚实，所以能取得信任；无私，才能受到尊重。

【要点提示】

　　一个诚实的人，想了什么就说什么；说了就按照说的去做。诚实的人说话算数，所以人们信任他。诚实，是讲信用的前提。

唯至诚而已①

【原文】

　　夫欲上下之信②，唯至诚而已。

【注释】

　　①语出宋代程颐《周易程氏传》。②上下：指人际关系的上上下下。

【原文大意】

　　要想上上下下的人都信任，只有都非常诚信才可以。

【要点提示】

　　人与人之间要和谐相处，就必须相互信任；要想人人相互信任，就应该人人以诚相待。在这里，诚信是人际交往的通行证。这也说明，诚信是一种力量的象征，它无往而不胜；诚信是一种无形的财富，它可以沟通八方。以诚信待人，天下信之。

立身、应事莫大乎诚敬①

【原文】

　　凡人所以立身行己②，应事接物③，莫大乎诚敬④。

【注释】

①语出宋代朱熹《朱子语类》。②立身行己：指修身养性。③应事接物：指待人处事。④诚敬：诚实、恭敬。

【原文大意】

所有的人，修身养性、待人处事，没有比诚实、恭敬更重要的了。

【要点提示】

人生在世，总会与其他人交往；与人交往，首先要加强自身的修养。其中，自身修养的重点是要做一个诚实的人，做一个恭敬待人的人。一个人，诚实、恭敬，和谁交往都会受欢迎。因为诚实可靠、可信，恭敬有礼貌、有分寸。讲诚敬，人信之，人敬之，人愿和你做朋友。

养心莫善于诚①

【原文】

君子养心莫善于诚②，致诚则无它事矣③。

【注释】

①语出《荀子·不苟》。②养心：指修身养性。③致诚：非常诚实。

【原文大意】

君子修身养性，没有比讲究诚实更重要的了。一个非常诚实的人，是一个可信的人。

【要点提示】

修身养性要修一个诚字。一个人为人处世，离不开一个诚字。人无诚信，不可立于世。不诚，谁愿和你接近呢？不诚，谁敢和你共事呢？有诚才有信。有诚信，就可立于世。对人以诚信，人相信你；对事以诚信，事无不成。所以，修身养性，没有比讲究诚实更重要的了。

以信接人，天下信之^①

【原文】

以信接人^②，天下信之；不以信接人，妻子疑之^③。

【注释】

①语出晋代杨泉《物理论》。②接人：指对待人。③妻子：指妻和子。

【原文大意】

用诚信对待人，天下的人都会信任你；你若不用诚信对待人，即使是自己的妻子、儿女都会怀疑你。

【要点提示】

人与人交往，要以诚信待人。以诚信待人，人们了解你，人们信任你；传出去，人人都会信任你。相反，人们都会怀疑你，远离你，你将孤立，失去朋友，失去一切。

一言为重百金轻^①

【原文】

自古驱民在信诚，一言为重百金轻。

【注释】

①语出宋代王安石《商鞅》。

【原文大意】

自古以来，调动百姓靠的是诚信，一句算话的承诺，比百金还重。

【要点提示】

这里，宋代宰相王安石引用商鞅变法的故事，来表明自己推行变法的决心。为表明实现变法的决心，商鞅说谁能把眼下并不重的立木扛到前方规定的地方，桌上的这一堆黄金就归谁。面对这么容易做到的事，又获得那么多的黄金，围观的众百姓不信，没人前往一试。经商鞅再三申明这是真的，终于有位小伙子上台，扛起立木，送到指定的地方，于是他得到了那一堆黄金。这么一做，秦国人相信了商鞅的变法是真的，就按商鞅说的去做了。王安石借这则古代故事说明他实行变法的决心。所以说"自古驱民在信诚"，说话算数，政令一出，一定坚决实行！

勿 自 欺①

【原文】

所谓诚其意者，毋自欺也②。

【注释】

①语出《礼记·大学》。②毋：同"勿"，不要。

【原文大意】

所说的诚的意思，不要自己欺骗自己。

【要点提示】

做一个正直的人，要讲诚信；讲诚信，先要做一个诚实的人；要做诚实的人，就不能在任何事情上自己欺骗自己。欺骗自己，就是假；不真实，就谈不上诚；不诚实，就不存在信。所以，我们不能有假，不能有任何欺骗行为。我们待人处事，要实事求是。实事求是就要以诚待人处事，只有这样才叫诚；以诚待人处事，才有信！

事非宜，勿轻诺①

【原文】

事非宜②，勿轻诺③；苟轻诺，进退错④。

【注释】

①语出清代李毓秀《弟子规》。②宜：合适，恰当。③诺：许诺，答应。④进退错：指做也不是，不做也不是。

【原文大意】

凡遇到不适宜的事，就不能轻易答应；如果答应了不恰当的事，你做也不对，不做也不好，陷入进退两难的地步。

【要点提示】

不合道理的事，自己力所不及、办不到的事，都属于"非宜"之事。对这样的事，别人不管怎么求你，你也别答应。如果答应了，不是办了错误的事，就是办不成事。答应了，就使自己为难了：做了，做错事，或做不成；不做，违背承诺。所以在答应事上，要理性，要量力。

口如扃，言有恒①

【原文】

口如扃②，言有恒③；口如注④，言无据。

【注释】

①语出明代文皇后《内训》。②扃（jiōng）：关着的门。③恒：指能经得起长时间的检验。④注：指畅流的水。

【原文大意】

口如关闭的大门，他的话就能经得起长时间的检验；口如同畅流的水柱，他说的话往往没根没据。

【要点提示】

说话严谨，经三思而说，所说的话可信；因为慎思的话出自负责任的深思而说。如若听到信口开河的话，听时要小心；因为这类话少经慎思，往往是不负责任的言论。

人无信，事无成①

【原文】

人而无信，百事皆虚②。

【注释】

①语出《增广贤文》。②虚：这里指"无"。

【原文大意】

人如果说话不算数，不管做什么事都不会成功。

【要点提示】

诚信，是做人的美质，做人的本分；诚信，是处世的原则，处事的可信度；诚信，是成功的前提，成功的保证。言而无信，人们鄙弃你，不信任你，于是无论做什么事也不会成功。记住，言必信，行必果。

不讲信用，怎样做人①？

【原文】

子曰："人而无信，不知其可也②。"

【注释】

①语出《论语·为政》。②不知其可：指不知他如何做人。

【原文大意】

孔子说："一个不讲信用的人，不知道他怎么可以做人。"

【要点提示】

一个处在社会上的人，是要和许多人打交道的。一个人不讲信用，凡跟他交往的人，都不会信任他，都会小心谨慎地或拒绝和他打交道。没人信任，没人交往，没人任用，这是何等孤独、何等凄惨啊！所以，做人要正、要诚、要讲信用。讲信用，才受人信赖、受人尊重，才能在社会上立住。

言行相诡，不祥莫大焉①

【原文】

言行相诡②，不祥莫大焉③。

【注释】

①语出《吕氏春秋·淫辞》。②诡：违反。③焉：兼词，于此。

【原文大意】

言行不一致，这是非常不吉利的。

【要点提示】

说的和做的相违背，是非常不好的。言行不一，你就被认为是说谎的人；你将不再被人信任；你将受到谴责；你将受人鄙视……这该多么可怕呀！千万别言行不一！

吾日三省吾身①

【原文】

曾子曰②："吾日三省吾身③；为人谋而不忠乎④？与朋友交而不信乎？传不习乎⑤？"

【注释】

①语出《论语·学而》。②曾子：孔子优秀的学生。③三：指多次。省（xǐng）：检查。④谋：谋事，办事。⑤传（chuán）：指老师传授的知识、技能。

【原文大意】

曾子说："我每天会多次检查自己：为别人做事，是不是尽心尽力了呢？和朋友交往，是不是做到诚实可信了呢？老师传授的知识、技能，是不是复习、练习了呢？"

【要点提示】

我们要对自己的人生负责。具体地说，就是要对自己的言行负责。曾子的"三省"给我们以启示：一要查对别人是否有利；二要查自己是否守信用了；三是学习了吗? 复习了吗? 如果我们每天，甚至对自己的每时、每事都做严格检查，那么我们将来一定会做个对社会、对父母负责的有用之人。

欲治身，先治心①

【原文】

欲治身②，先治心③。欲责人，先责己。

【注释】

①语出《元史·裕宗传》。②治身：即修身。③心：指心灵。

【原文大意】

要想修身，得从自己的心灵做起。要想责备他人，得先严格要求自己。

【要点提示】

要修身，先治心。因为品德的修养是人生的基础。品德好，一生献爱，一生行善，一生做个好人。品德不好，难免恶事连连，损人又不利己。品德好，还要时时、处处、事事严格要求自己，做事妥帖，待人宽厚，人见人赞。这样的人，责人再严也会得到支持、得到谅解的。

用责人之心责己①

【原文】

责人之心责己，恕己之心恕人②。

【注释】

①语出《增广贤文》。②恕：宽恕。

【原文大意】

用责备别人的标准责备自己，用宽恕自己的做法宽恕别人。

【要点提示】

人们往往责人严，责己宽。这样做，很不公平，同时也是害己、不利人。我们应该严于律己，宽以待人，那就应该反过来，以"责人之心责己"，以"恕己之心恕人"。这样，要求自己就严了，越严越好，越严越能保证自己做一个走正道的君子。

不可以律己之律律人①

【原文】

不可以律己之律律人②。

【注释】

①语出元代张养浩《牧民忠告》。②第一个、第三个"律"：动词，要求。第二个"律"：条件，标准。

【原文大意】

不可以用要求自己的标准去要求别人。

【要点提示】

严格要求自己是对的，这样可以保证自己正道直行。但是用严格要求自己的标准去要求别人，就不大合适了。因为"以律己之律律人"，强迫别人这样做，一是对对方有失尊重；二是"律己的律"不一定适合对方的实际情况。要求高了，对方达不到；要求低了，对方早已做得很好了，没必要。对别人的要求，既要尊重对方，也要适合对方的实际情况。

穷处而守高①

【原文】

与其无义而有名兮②，宁穷处而守高③。

【注释】

①语出战国时期宋玉《九辩》。②分：语气词，呵。③穷处：处于穷困生活。守高：保持高尚的情操。

【原文大意】

如果因失去道义而获得名声，还不如接受贫苦生活、保持高尚的品质。

【要点提示】

道义是一个正直的人必须注重的品质，应该重视，应该坚持主持道义。若以失去道义而换取好的名声，这是不可取的做法。人，应该坚守高尚的品德，哪怕是过贫穷困苦的日子，也要保持崇高的气节。

贫，气不改^①

【原文】

贫，气不改^②；达^③，志不改。

【注释】

①语出元代宋方壶《山坡羊·道情》。②气：气节。③达：通达，显达。

【原文大意】

处于贫困时，正直的气节不可动摇；地位显达时，刚直的志向不可改。

【要点提示】

人活着，得保持高洁的品质和志向，决不要因为生活的环境、社会地位而改变气节和心志。守贫，活得像竹一样有气节；通达了，为国为民的心志要坚守。这样，才是一个受世人尊重的高尚的人。

留青白在人间^①

【原文】

粉身碎骨浑不怕^②，要留清白在人间。

【注释】

①语出明代于谦《咏石灰》。②浑：全都。

【原文大意】

粉身碎骨全不怕，只要留下清白在人间。

【要点提示】

这里是以石灰做比喻，说明人在世上要保持清白的名声。在把石灰石烧制成石灰的过程中，经高温的烧制，坚硬的石灰石就会"粉身碎骨"化为石灰，形成洁白粉状的石灰。人们在社会生活中，也会遇到大大小小的考验；但无论考验的程度如何，自己也要坚定不移，决不改变自己高洁的品质。

立身与待人①

【原文】

立身守二字，曰不苟②；待人守二字，曰无憾③。

【注释】

①语出清代戴震《答郑文用牧书》。②不苟：不苟且。③无憾：无遗憾。

【原文大意】

要求自己要做到坚持从严，不放任；对待别人就是以不给自己留下遗憾为原则。

【要点提示】

自己给自己做人立下规矩，就是不放松从严要求自己，这是日日进、年年进的进步保证。对别人应宽容，要合情合理、恰当地处理人际关系，要问心无愧，不留遗憾给自己。自己进步了，健康成长了，也让别人进步，有个好的成长环境。我们都应该这样做。

为人，应学兰、松①

【原文】

为草当作兰②，为木当作松。

【注释】

①语出唐代李白《于五松山赠南陵常赞府》。②兰：寒冷的初春开花，气味芳香。

【原文大意】

做草，就要做寒春开花的兰草；做木，就要做在严冬不凋的松树。

【要点提示】

这里以兰、松做比喻，说明做人应当像兰草一样，在寒冷时开花，把芬芳带给人间；应当像松树一样，严寒中不落叶，把绿色带给寒冷的冬天。做人，要做一个品德高尚、正直不屈的人。

以铜、古、人为镜①

【原文】

以铜为镜②，可以正衣冠；以古为镜③，可以知兴替④；以人为镜，可以明得失。

【注释】

①语出《旧唐书·魏征传》。②铜：古代以磨光的铜面作为镜子。③古：指历史。④兴替：兴衰、更替。

【原文大意】

用铜作镜子，可以帮助我们端正衣帽；用历史作镜子，可以知道兴衰、更替；用人作镜子，可以明白得失。

【要点提示】

　　这是唐太宗李世民说的话。他这么说，也这么做了，他把正直大胆的魏征当作镜子，认真听取他的意见，避免了许多的失误。我们为使自己心正、行正，应该常常"照镜子"，严查自己的言行举止，以保证正道直行。

勿谄富，勿骄贫①

【原文】

　　勿谄富②，勿骄贫③；勿厌故④，勿喜新。

【注释】

　　①语出清代李毓秀《弟子规》。②谄（chǎn）：献媚、巴结。③骄：指瞧不起。④厌：厌弃。故：老朋友。

【原文大意】

　　不要讨好巴结富人，也不要瞧不起穷人；不要厌弃老朋友，也不要一味地只喜欢新朋友。

【要点提示】

　　"嫌贫爱富"、"喜新厌旧"这是中国人历来反对的做法。巴结富人，见富人垂涎三尺，是品德低下人的行为；轻视穷人，是"爱富"的翻版，是品德不高的表现。什么时候都不能忘记老朋友的帮助，任何人都不该只喜欢新朋友。朋友，是有交情的人，忘了朋友，放弃了交情不是应该提倡的行为。要念恩，要念情。

己不欲，即速已①

【原文】

　　将加人②，先问己；己不欲③，即速已④。

【注释】

　　①语出清代李毓秀《弟子规》。②将：将要。③欲：想要，希望。④已：停止。

【原文大意】

　　想要让别人去做什么事，先问一问自己愿不愿、能不能做。自己不愿意做，或不能做到的事，马上停止，别让别人去做。

【要点提示】

　　这是对孔子倡导的"己所不欲，勿施于人"的浅显表述。自己不想做的，不要让别人做；自己不愿承受的，就不要让别人去承受。凡事，须替对方着想。俗语说，"要想公道，打个颠倒"，"人同此心，心同此理"。多为别人想想，是品德高尚的人的应做应为。

与宜多，取宜少^①

【原文】

　　凡取予^②，贵分晓^③；与宜多^④，取宜少。

【注释】

　　①语出清代李毓秀《弟子规》。②取：取得。予：给予。③分晓：清楚，明白。④宜：应该。

【原文大意】

　　凡是在牵涉到利益的事情上，取得和给予一定要掌握好原则：我们提倡给予的要多，取得的应该少。

【要点提示】

　　利益的取与舍，正是判断一个人人品的重要原则。争利、抢好处，是私心重的表现；让利或双赢，是公平处事的态度。让，积的是德，结的是善缘。人人相让，社会风气就正了，和谐社会也容易实现了。

己有能，勿自私①

【原文】

己有能②，勿自私；人有能，勿轻訾③。

【注释】

①语出清代李毓秀《弟子规》。②能：才能。③訾（zǐ）：诋毁，说坏话。

【原文大意】

自己有才能，不要自私，要帮助别人；别人有才能，不要不服气，不要因嫉妒而说人家坏话。

【要点提示】

人要互相爱护，互相关怀，互相帮助。自己有才能，要尽量帮助需要帮助的人，使别人因为你的才能、你的援手而解决了难题，生活得更加美好。对待别人的才能，应该欣赏，应当学习，而不该嫉妒，更不该说三道四，如果诋毁别人，就会坏了自己的心志。

衣食，不与人比①

【原文】

若衣服、若饮食，不如人，勿生戚②。

【注释】

①语出清代李毓秀《弟子规》。②戚：忧虑、伤心。

【原文大意】

如果是在穿衣上、饮食上不如别人，那么就没必要忧虑、伤心。

【要点提示】

在品德上、学问上、才能上、本领上要和别人比，比不上就学，就追赶。然而在穿着上、饮食上却没必要和别人比，如若在这方面下功夫，就属于比享受了。比享受，就会把人引向邪路，满心都是享受，还谈什么品德，谈什么为社会做贡献呢？

借人物，及时还①

【原文】

借人物，及时还；人借物，有勿悭②。

【注释】

①语出清代李毓秀《弟子规》。②悭（qiān）：悭吝，指"舍不得"。

【原文大意】

向别人借用东西，用完，应该及时归还。别人向自己借用物品，如果有，千万别舍不得。

【要点提示】

借用别人东西，用毕马上归还，一是讲信用，二是别耽误人家使用。如果影响别人使用，就太对不住人家了。假如别人向自己借用物品，要诚心诚意、热情地借给对方，别顾东怕西、犹犹豫豫，一是不要让借主为难，二是别小里小气，要替借的人着想，别耽误借主的使用。

不是自己的东西，莫取①

【原文】

苟非吾之所有②，虽一毫而莫取③。

【注释】

①语出宋代苏轼《前赤壁赋》。②苟：如果，假如。③毫：一丁点儿。指极小、极少的东西。

【原文大意】

如果不是自己的东西，即使是一丝一毫，也别拿来归自己所有。

【要点提示】

不属于自己的东西，不管多么好，不管自己多么喜欢，哪怕是极少、极小的东西，也绝不能拿来归自己所有。从小就应该养成不贪、不沾、不占便宜的好品德。

衣贵洁，不贵华①

【原文】

衣贵洁②，不贵华③；上循分④，下称家⑤。

【注释】

①语出清代李毓秀《弟子规》。②贵：重视，崇尚。洁：整齐清洁。③华：华丽。④循分（fèn）：符合身份。循：遵守。⑤称（chèn）：符合。

【原文大意】

衣服注重的是整齐干净，不是名贵华丽；穿衣服要符合自己的身份，也要考虑到家里的经济条件。

【要点提示】

评价人的衣着打扮，不是以名贵华丽为佳，而是整齐、大方、干净、得体，符合身份。当学生的穿上少爷、少妇一般的衣服，岂不让人耻笑？衣服皱皱巴巴、不干不净的，也会遭人指责。

冠必正，纽必结①

【原文】

冠必正②，纽必结③；袜与履④，俱紧切⑤。

【注释】

①语出清代李毓秀《弟子规》。②冠：帽子。③纽：纽扣。④履：鞋。⑤紧切：系紧，穿好。

【原文大意】

外出时，帽子要戴端正，衣服纽扣要扣好，袜子、鞋子都要穿整齐，系好鞋带。

【要点提示】

穿好衣服、戴好帽子、整好鞋袜，这些似乎是小事，其实不然。其一，这样做，是对自己的严格要求，说明你的生活态度严肃。其二，说明你对外人，包括街上的路人、学校的老师、同学的尊重。要想到，因为有了你，使周围的人生活更加美好。

人有短，切莫揭^①

【原文】

人有短^②，切莫揭；人有私^③，切莫说。

【注释】

①语出清代李毓秀《弟子规》。②短：指缺点、过错。③私：隐私。

【原文大意】

别人有短处，千万不要去揭；别人的隐私，千万不要向其他人乱说。

【要点提示】

人都有缺点、短处，我们应该善意地、直接去帮助他，使他认识，设法改正；但无论如何也不能揭人家的"短"。有的人以"揭短"来取乐，这是缺德。人都有可能有他个人的隐私，有秘密不想让别人知道，这是人家的权利，应该给予尊重。拿人家隐私去宣传，当"趣话"，这是极不道德的小人之举。

人问谁，对以名①

【原文】

人问谁②，对以名③；吾与我，不分明④。

【注释】

①语出清代李毓秀《弟子规》。②人问谁：（主人）问："来的是谁呀？"③对：回答。④分明：清楚、明白。

【原文大意】

别人（或主人）问："来的是谁呀？"回答时一定要说出自己的姓和名。如果回答"是我"，这个"我"不能让人明白你到底是谁。

【要点提示】

出访、到家，敲门之后，主人一定会问来的是哪一位。如果回答说"我"，那么任何人称自己都是"我"，这个"我"到底是谁呢？等于没回答。道出自己的名和姓，一是使对方清楚，二也是对对方的尊重。

凡道字，重且舒①

【原文】

凡道字②，重且舒③；勿急疾④，勿模糊。

【注释】

①语出清代李毓秀《弟子规》。②道：说。字：指说出的字音。③重：指清晰。舒：指语气舒缓。④急疾：指语速过快。

【原文大意】

说话时，吐字要清楚，语气要舒缓，不要过快，不要模糊不清。

【要点提示】

　　说话，是说给别人听的。既然是让别人听你说的话，那么每句都得让对方听清楚，听明白。这要求说话时吐字清晰，语气舒缓，切不可过快，包括用词用语也别含糊。说话也是门艺术，说出的话，要准确、清楚、生动。不仅使听者听得明白，还要让听者赏心悦耳，心情愉快。

君子坦荡荡，小人长戚戚①

【原文】

　　子曰："君子坦荡荡②，小人长戚戚③。"

【注释】

　　①语出《论语·述而》。②坦荡荡：君子心地纯洁，胸怀宽广。③戚戚：忧虑愁苦的样子。

【原文大意】

　　孔子说："君子心地纯洁，胸怀宽广；小人心虑忧愁，常显苦态。"

【要点提示】

　　君子心地纯正，常想助人为乐之事，常做于国于民有利之事。因为无私无畏，所以坦然面对社会，面对世人。而小人因常为个人，常思利益，整日患得患失，所以忧心忡忡，常显忧愁状态。我们要为人光明磊落，处事出于公心，做一个坦坦荡荡的君子。

君子喻于义，小人喻于利①

【原文】

　　子曰："君子喻于义②，小人喻于利。"

【注释】

　　①语出《论语·里仁》。②喻：懂得。义：道义。

【原文大意】

孔子说:"君子懂得道义,小人懂得利益。"

【要点提示】

在道义和利益面前,如何取舍,也正是区分君子与小人的标准。君子以道义为重,小人以利益为重。君子可以"舍生取义",小人却见利忘义。当然,合理、合法的利益,人人可取。但当"义"与"利"冲突时,取义还是取利,这正是判别君子与小人的试金石。

义感君子,利动小人[①]

【原文】

义感君子[②],利动小人。

【注释】

①语出《晋书·符登传》。②义:道义,指合乎正义的行为和事情。

【原文大意】

道义可以感动君子,利益可以打动小人。

【要点提示】

孔子有一著名的论断:"君子喻于义,小人喻于利。"这里所选的语段和孔子的话是一致的。作为君子,会为合乎正义的行为和事情所感动。在义和利之间,君子赞赏义,选择义。而小人见利忘义,逐利废义,一切以得利为主。面对义和利,怎么选择,正是我们区分君子和小人的一个标准。

君子和而不同,小人同而不和[①]

【原文】

子曰:"君子和而不同[②],小人同而不和。"

【注释】

①语出《论语·子路》。②和：讲和谐。同：苟同，随便地同意。

【原文大意】

孔子说："君子讲和谐而不苟同，小人苟同而不注重和谐。"

【要点提示】

在人们交流合作的过程中，君子主张经过协调达到和谐相处的目的。小人则不顾原则，只要符合他们的个人利益，就随便地同意，哪怕是错误的做法，他们也苟同。我们要像君子那样，在坚持道义、坚持原则的前提下，达到和谐相处，坚决反对无原则的苟同。

君子上达，小人下达^①

【原文】

子曰："君子上达^②，小人下达^③。"

【注释】

①语出《论语·宪问》。②上达：指达到仁义。③下达：通达到财利。

【原文大意】

孔子说："君子通达于仁义，小人通达于财利。"

【要点提示】

君子是严格要求自己的，是有做人标准的。君子会严查自己的言行举止是否符合仁义要求，是否用爱心待人、用道义行事。君子追求的是高尚的道德品质。小人自私自利，关心的是能否收到钱财，是否获得利益，人品低下。

君子泰而不骄，小人骄而不泰①

【原文】

　　子曰："君子泰而不骄②，小人骄而不泰。"

【注释】

　　①语出《论语·子路》。②泰：安详坦然。骄：骄傲放肆。

【原文大意】

　　孔子说："君子安详坦然而不骄傲放肆，小人骄傲放肆而不安详坦然。"

【要点提示】

　　君子心地纯正，光明磊落，平静安详，所以泰而不骄；小人心地黑暗，计较得失，有时甚至骄傲放肆，所以骄而不泰。我们做人要安详、谦虚、稳重，严格要求自己，注意尊重他人，做一个正道直行的君子。

君子怀德，小人怀土①

【原文】

　　子曰："君子怀德②，小人怀土③。"

【注释】

　　①语出《论语·里仁》。②怀：心中注重。③土：乡土。指享乐的生活。

【原文大意】

　　孔子说："君子注重人的道德修养，小人关注自己生活的享乐。"

【要点提示】

　　在为人处事上，孔子强调先做人，后做事。在做人上，孔子强调个人的道德修养。在道德修养上，孔子强调"仁"，要有爱心，用爱心对待别人，用爱心关注天下大事。而小人，一心只想自己，只想如何享受生活。"怀德"还是"怀土"，这也是区分君子和小人的一个重要标准。

君子怀刑，小人怀惠①

【原文】

　　子曰："君子怀刑②，小人怀惠③。"

【注释】

　　①语出《论语·里仁》。②刑：指法律、法度。③惠：指好处。

【原文大意】

　　孔子说："君子关心法律，小人关心好处。"

【要点提示】

　　君子关心的是与国家民生相关的大事，如法律制度是否完善，奖惩是否合适，法律制度是否能落实，是否能保国家安定、人民是否幸福等。而小人，一动念头，想的就是个人是否能得到好处。君子与小人区别太大了。

君子周而不比，小人比而不周①

【原文】

　　子曰："君子周而不比②，小人比而不周。"

【注释】

　　①语出《论语·为政》。②周：这里指团结。比（bì）：这里指勾结。

【原文大意】

　　孔子说："君子是讲团结而反对勾结的，小人是搞勾结而不讲团结的。"

【要点提示】

　　君子向来是以大局为重，是以天下为己任的，所以注重人际交往时讲团结。小人一向是以私利为重的，为谋私利而拉帮结派。孔子的这段语句，可以让我们明确：在集体生活中，讲团结的是君子，搞勾结的是小人。

君子成人之美，不成人之恶①

【原文】

　　子曰："君子成人之美②，不成人之恶③；小人反是④。"

【注释】

　　①语出《论语·颜渊》。②成：成全，促成。③恶：坏事。④反是：与此相反。

【原文大意】

　　孔子说："作为君子，应成全别人的好事，不帮别人做坏事；小人与此相反。"

【要点提示】

　　成人之美，是一种美德！美事、好事，正人君子就该支持。成全了好事，是积德；积德多了，就是正人君子。恶事、坏事，从来都是损人利己、损公肥私的事，要明辨是非，坚决反对！绝不能成人之恶。成人之恶，就是恶人！

君子求诸己，小人求诸人①

【原文】

　　子曰："君子求诸己②，小人求诸人。"

【注释】

　　①语出《论语·卫灵公》。②求：要求。诸：是"之于"的合义。之：它；于：对于。

【原文大意】

　　孔子说："君子严格要求自己，小人（只）严格要求别人。"

【要点提示】

　　严格要求，是对人言行举止负责的表现，当然应该肯定。君子严格要求自己，无论是一言一行、一举一动，无论是对己、对人、对事都严格要求，使自己保证走在正道上。小人只严格要求别人，对自己是放松的，甚至是放任的。所以说，严己宽人是君子，严人宽己是小人。

君子儒与小人儒^①

【原文】

　　子谓子夏曰^②："女为君子儒^③，无为小人儒^④。"

【注释】

　　①语出《论语·雍也》。②子夏：孔子的学生。③女（rǔ）：你。为：做。儒：这里指学者。④无：通"勿"，不要。

【原文大意】

　　孔子对子夏说："你要做君子式的学者，不要成为小人式的学者。"

【要点提示】

　　学者虽有知识，但不一定都是好的。有的学者正派，为国家、为人民办事，有爱心，能关心他人、帮助他人，是"君子儒"。有的学者，虽有知识、有学问，但他不顾国家、人民和他人，只为自己谋私利，这只能称其为"小人儒"。

君子固穷，小人穷斯滥矣^①

【原文】

　　君子固穷^②，小人穷斯滥矣^③。

【注释】

①语出《论语·卫灵公》。②穷：指走投无路。③斯：就。滥：胡作非为。

【原文大意】

君子在走投无路时也会坚持操守，小人在走投无路时就会胡作非为。

【要点提示】

人的一生，遇到挫折、失败是常事，有时甚至会陷入走投无路的地步。遇到挫折、失败，君子会总结教训，奋起直追，再战取胜。在走投无路时，君子也会重操守，坚持走正道。小人则不然，当他们走投无路时，为了生存，为了利益，就会胡作非为，什么坏事都干得出来。

君子犯错，磊落①

【原文】

子贡曰："君子之过也②，如日月之食焉③；过也，人皆见之；更也④，人皆仰之⑤。"

【注释】

①语出《论语·子张》。②过：过失，过错。③食：通"蚀"，指日食、月食。④更：改了。⑤仰：敬仰。

【原文大意】

子贡说："君子犯了错误，如同天上的日食、月食。错了，别人看得很清楚，只要改正，别人依然敬仰他。"

【要点提示】

君子是光明磊落的，即使犯了错误，也公开于世，承认犯了错误。君子犯错，会勇于改正，改正就好！君子"闻过则喜"，知过必改。

小人犯错，遮掩^①

【原文】

　　子夏曰："小人之过也^②，必文^③。"

【注释】

　　①语出《论语·子张》。②过：过失，过错。③文：通"纹"。这里指掩饰。

【原文大意】

　　子夏说："小人犯了错误，一定会掩饰。"

【要点提示】

　　小人，以一己之利为主，处处维护个人利益。小人犯了错，还要装着正确的样子，怕别人批评、指责，对所犯错误千方百计遮遮掩掩。这种"文过饰非"，说明小人的内心黑暗、虚假。有错不认，又加一错！况且，早晚会露出真相，遭众人谴责的。

君子、小人以类聚^①

【原文】

　　君子、小人以类聚，未有无徒者^②。君子之徒同德，小人之徒同恶。

【注释】

　　①语出《新唐书·裴度传》。②无徒者：指例外。

【原文大意】

　　君子、小人都是以类相聚的，没有例外。君子相聚同德，小人相聚同恶。

【要点提示】

　　"物以类聚，人以群分。"君子愿与君子相聚，聚在同守道德要求的范围内；小人与小人结合，结合的是恶德恶行的范围内。俗话说"看你和什么人在一起，就知道你的为人"。常和君子在一起，"近朱者赤"；常和小人接近，"近墨者黑"。因此我们一定选君子为相处的对象，远离小人。

圣人之道①

【原文】

　　圣人之道②，仁义中正而已矣③。

【注释】

　　①语出《通书·道第六》。②道：指遵循的原则。③中正：指中庸之道。

【原文大意】

　　圣人所遵循的原则，就是提倡仁义、中庸之道而已。

【要点提示】

　　仁，是仁爱，用爱心待人处事；义，是正义，是公正的、有利于人民的道理。中正，指中庸之道，在处理任何事时，都要保持不偏向任何一方，保持正道；不要过急，也不要保守不达标。这样待人处事，心是善的，行是正义的，是保证中正的，因此无往而不胜。所以，古圣人坚持把仁义、中正作为行事的原则。

君子之为君子也①

【原文】

　　君子之为君子也：一人死而万人寿②，一人痛而万人愈③，一人忧而万人乐，一人劳而万人逸④。

【注释】

①语出明代庄元臣《叔苴子内篇》。②寿：指长存。③愈：痊愈。④逸：安逸。

【原文大意】

君子之所以被称为君子，是因为他希望他一个人的死换来万人的长存，他一个人忍受疼痛换来万人的健康，他一个人的劳苦换来万人的安逸。

【要点提示】

真正的君子，是用自己的死亡、疼痛、劳苦，换来大众的长存、健康、安逸。君子的精神可歌可泣，他的品质高尚，值得后人学习。

仁者，爱人①

【原文】

仁者，人也。

【注释】

①语出《中庸》。

【原文大意】

仁，就是仁爱；仁爱，就是爱人，爱人民。

【要点提示】

做人就要做仁者。做仁者，就要有爱心。爱什么？首先是要爱人，爱人民！这是做正人君子必备的前提。人民是社会的主体，是国家的主人，是历史的创造者。一定要以人为本，以人民为重。我们应该做一个有仁爱之心的人。

临事肯替别人想①

【原文】

临事肯替别人想，是第一等学问②。

【注释】

①语出清代张镒《浅近录·处世总》。引文是宋代理学家程颐所说。
②第一等：指最好的、最难做到的。

【原文大意】

遇事能替别人着想，这是最好、最难做到的学问。

【要点提示】

遇事能替别人着想，这是一种美德。因为：一、说明这个人不自私，不是凡事首先替自己考虑；二、遇事能先人后己，就有可能先天下而后自己，就有可能为别人、为大家、为国家做出自己的让步，以至于做出牺牲。具有这样特点的人，才能做到"己所不欲，勿施于人"。

君子不以私害公①

【原文】

君子不以私害公②。

【注释】

①语出汉代刘向《新序·义勇》。②私：私人利益。公：公家利益。

【原文大意】

君子不会因为私家的利益，而去损害公家的利益。

【要点提示】

君子是讲道德的，是有道德修养的人。因此当面对私利和公利对立时，君子会克己奉公，把公家的利益放在第一位，舍弃或克制私家的利益。这是君子之风，是值得称赞的。那些遇事先想到自己，把私利放在公利之上的人，是小人，那种做法是不可取的。

君子之于言也^①

【原文】

君子之于言也^②，志好之^③，行安之^④，乐言之^⑤。

【注释】

①语出《荀子·非相》。②言：指正确的言论。③志：指心。④安：适，指依照。⑤言：指传播。

【原文大意】

君子对于正确的言论，心里喜欢它，行动依照它，乐于传播它。

【要点提示】

对于好话、善言、正确的学问，君子从来是欢迎的。君子自正，所以心里喜爱正言，行动遵循正言，并到处宣传正言。对待正确的言论的态度，也正是可区分君子与小人的标志之一。

不重则不威^①

【原文】

子曰："君子不重则不威^②，学则不固^③。"

【注释】

①语出《论语·学而》。②重：庄重。威：威严，威仪。③固：巩固。

【原文大意】

孔子说："君子如果不庄重，就没有威严；没有庄重的态度，学到的东西也难以巩固。"

【要点提示】

君子为人、为学必须庄重。不庄重，失去威仪，学习也就会缺乏严肃认真的态度，于是很难学好。若是这种情况，即使学了，也难以把学到的与实践相结合，也就谈不上巩固了。

君子不学，不成其德①

【原文】

常玉不琢②，不成文章③；君子不学，不成其德。

【注释】

①语出《举贤良对策》。②常玉：一般的玉石。琢：雕琢。③文章：指光彩夺目的纹饰。

【原文大意】

一般的玉石，不经加工雕琢，不会成为光彩夺目的艺术品。君子若不学习，不会具有高尚的品德。

【要点提示】

"玉不琢，不成器。"不经艺术加工的玉石混杂物，叫"璞"，只不过是有价值的物质而已。人要不学，无知；君子不学，不知德的具体要求，更谈不上达到高尚的品德。学，能知，能进，能以高标准要求自己。

君子以言有物①

【原文】

君子以言有物②，而行有恒③。

【注释】

①语出《周易·家人》。②以言有物：指言之有物。③行：行为。恒：恒心。

【原文大意】

　君子说话要有具体内容，做事应该持之以恒。

【要点提示】

　君子说话，言之有内容，决不说空话、大话、假话。而做事要有头有尾、有始有终。君子品德高尚，言必慎，言必行，行必果。这是我们应该学习的。

达则兼善天下①

【原文】

　穷则独善其身②，达则兼善天下③。

【注释】

　①语出《孟子·尽心上》。②穷：指走投无路。③达：指通达显贵。

【原文大意】

　当走投无路时，要坚持独自修养好自身；当通达显贵时，要行善于全天下。

【要点提示】

　俗话说"三十年河东，三十年河西"，说明时代在前进，社会在变化。所以，人处在社会中，也有逢"穷"、遇"达"的可能。但无论是遇到"穷"，或遇到"达"时，善的本性是不可变的。"穷"时，难于施善于社会，就该"独善其身"；"达"时，有可能施善，就必须要"兼善天下"。这才是君子所为！

是之谓诚君子①

【原文】

　不诱于誉②，不恐于诽③，率道而行④，端然正己⑤，不为物倾侧⑥，夫是之谓诚君子⑦。

【注释】

①语出《荀子·非十二子》。②诱于誉：被虚名所诱惑。③诽：诽谤。④率道而行：正道直行。⑤端然正己：指严于律己。⑥倾侧：指动摇。⑦诚：真。

【原文大意】

不被虚名所诱惑，不被诽谤吓退，正道直行，严于律己，不被财物所动摇，这才是真正的君子。

【要点提示】

作为君子，坚守道德，不被名声、财物所诱惑，不被诽谤吓倒，严于律己，正道直行。这才是一个真正的君子。

求友须在良①

【原文】

求友须在良②，得良终相善。

【注释】

①语出唐代孟郊《求友》。②良：指好人。

【原文大意】

结交朋友，一定要选择交一个好人；交了一个好人做朋友，就会友好相待。

【要点提示】

俗话说："良禽择木而栖。"人交朋友，也一定要交一个品德好的人。和品德好的人为友，能使自己进步，向上，做个品德好的人。这就如同"近朱者赤"，耳濡目染，相互学习，互相帮助，长此以往，使自己走在正道上。

结有德之朋①

【原文】

　　结有德之朋②，绝无义之友③。

【注释】

　　①语出《名贤集》。②朋：这里指朋友。③义：指仁义道德。

【原文大意】

　　结识有道德的朋友，断绝没有道义的朋友。

【要点提示】

　　择友要慎重。交个正经的、讲仁义、讲道德的朋友，能使自己做好人，办好事，走正道。而交了坏朋友，以不讲仁义道德的人为友，那就会使自己沾染上坏习惯，就会做错事，就会毁了自己的声誉，毁了自己的前程。所以，择友要慎重。

友 其 德①

【原文】

　　友也者，友其德也②，不可以有挟也③。

【注释】

　　①语出《孟子·万章下》。②友其德：以德为交友的标准。③挟：指依靠。

【原文大意】

　　交朋友，要交品德好的人，不能存在任何倚仗的观念。

【要点提示】

　　交友宜慎重。交友要交良友、善友、有德之友。近朱者赤，和好人交友，自己也能成为好人。因为和有德之人交友，可以受他们的影响，得到他们的帮助，自己也会随之好了。这就如同"与善人居，如入芝兰之室，久而不闻其香"。如交了坏友，那是很危险的，因为"近墨者黑"。

取友必须端①

【原文】

取友必须端②，休将戏谑看③。

【注释】

①语出明代冯梦龙《喻世明言》。②端：指态度严肃认真。③戏谑（xuè）：开玩笑。

【原文大意】

选择朋友必须严肃认真，切不可把交朋友的事当作儿戏。

【要点提示】

择友，是人生的大事。择友，必须以严肃认真的态度去对待。择了好友，有益；择了坏友，有害。因为人分善恶好坏，"物以类聚，人以群分"。选了善、好的人为友，可助善向好，成为君子；选了恶、坏的人为友，成为小人。君子人人敬重、欢迎；小人人人厌恶、远离。所以，"取友必须端，休将戏谑看"。

保 全 友 谊①

【原文】

以恕己之心恕人②，则全交③。

【注释】

①语出宋代林逋《省心录》。②恕：宽恕。③全交：指保全友谊。

【原文大意】

用宽恕自己的心态去宽恕别人，就能保全与人交往的友谊。

【要点提示】

恕，是人与人交往时必须重视的原则。恕，可以用孔子的"己所不欲，勿施于人"来解释。凡事，要从别人的感受、别人能接受的角度去体验，要为别人着想。这也就是说，用自己能、愿接受的方式去对待别人。用宽恕自己的心态去宽恕别人，一定会取得很好的效果。

贤友，愈多愈好^①

【原文】

若是贤友^②，愈多愈好。

【注释】

①语出明代高攀龙《高子遗书》。②贤友：品德好的朋友。

【原文大意】

如果是品德好的朋友，交得越多越好。

【要点提示】

这里引用楚汉相争时的一个成语：韩信点兵，多多益善。交品德好的朋友也是多多益善。品德好的朋友可以信任，可以帮助你，可以共事。我们可以向品德好的人学习很多好的品质。品德好的朋友是无价之宝。若是一批品德好的人是你的朋友，那真是一笔巨大的财富。

与 人 交 游^①

【原文】

与人交游^②，宜择端雅之士^③，若杂交终必有悔^④。

【注释】

①语出江端友《戒子通录》。②交游：交往。③端雅：端庄儒雅。④杂交：胡乱交往。

【原文大意】

和人交往，应该选择正派高雅的人；如若胡乱交往，最后会后悔莫及的。

【要点提示】

挑选交往的朋友要慎重。交朋友，要交品德好的，这如日初之影，越走越光明；若交错了朋友，与恶人交往，就如黄昏之影，越走越黑暗。与好人交往，你日益进步，存正能量；与恶人交往，你日益退步，成反能量。择友、交往，挑选对象必须慎重。

人未己知，不可急求其知[①]

【原文】

人未己知[②]，不可急求其知；人未己合[③]，不可急求之合。

【注释】

①语出《薛子道论·中篇》。②未己知：即"未知己"，没了解自己。③合：融合。

【原文大意】

当别人不了解你自己时，别急于让人了解你；当别人还不能和你融洽相处时，就别急于和人家"融洽"相处。

【要点提示】

办事，不可急于求成。交友，也不可急于求成。交友须慎重，在不了解对方的情况下，不可急于成为好朋友，更不能不分你我，好似水乳交融一样交往。交友，要了解对方，当交才可交；不当交时，不可交。

笑骂不审是非，知交断绝①

【原文】

喜怒不择轻重，一事无成；笑骂不审是非，知交断绝。

【注释】

①语出五代宋代陈抟《心相篇》。

【原文大意】

喜怒无常且不分轻重的人，将一事无成；笑骂不分是非的人，会使知心朋友绝交。

【要点提示】

喜怒笑骂，是世人常有的心态的表现。它可以抒发心情，也可以表达态度，更有以此行开玩笑之举。人与人之间，开玩笑难免，但要分人、分事、分场合。如果不顾及这些，不分是非轻重，往往会伤及对方，甚至引起反目，导致断绝交情。所以，喜怒笑骂要分是非、分轻重，分人、分事、分场合。否则，后果是不堪设想的。

与邪佞人交①

【原文】

与邪佞人交②，如雪入墨池，虽融为水，其色愈污；与端方人处③，如炭入薰炉，虽化为灰，其香不灭。

【注释】

①语出宋代许棐《樵谈》。②邪佞：邪恶奸佞。③端方：正直。

【原文大意】

和邪恶的人交友，就像白雪进入墨池，虽溶于水，也染成黑色；和正直的人交友，就像炭入薰炉，虽烧成灰，仍有香味。

【要点提示】

和什么样的人交往，是需要慎重选择的。交错了朋友，会毁了自己；交对了朋友，是帮了自己。"近朱者赤，近墨者黑"，就是这个道理。

审慎从事①

【原文】

凡人于事务之来②，无论大小，必审之又审，方无遗虑③。

【注释】

①语出清代纪晓岚《帝范观止》。②之来：由来，来源。③遗虑：留下遗憾，失算。

【原文大意】

一般人对所遇事务的由来，无论大小，都应该认真反复详查，这样才不会失算。

【要点提示】

办事忌随意，遇事须思考。孔子说"谨言慎行"，就是怕说错了话，办错了事。因此，凡遇事，详查事务的由来，细究事务的要求、发展、变化，使事务不脱离正确的轨道。"三思而行"还是应该的。

慎 独①

【原文】

君子必慎其独也②。

【注释】

①语出《大学》。②慎其独：一个人独处时要慎重。

【原文大意】

作为有道德的君子，在一个人独处的时候，对自己的行为一定要谨慎。

【要点提示】

　　人要有志气、有标准、有要求。做一个有道德、有修养的君子，平日，在众人面前，应该严格要求自己；在一个人独处的时候，在没有人看见、没有人监督的情况下，更应该严格要求自己，使自己的一举一动完全符合君子的要求，这叫"慎独"。

诚无垢，思无辱[①]

【原文】

　　诚无垢[②]，思无辱[③]。

【注释】

　　①语出汉代刘向《说苑·敬慎》。②垢：污垢。③辱：指受辱。

【原文大意】

　　警诫自己，保证自己洁净无污垢；思虑周密，不使自己因做错事而受辱。

【要点提示】

　　作为君子，一定要谨言慎行。要使自己不说错话，不办错事。那就要时时、事事、处处多加小心，常常提醒自己，多多告诫自己，不要轻言妄语，不要轻举妄动，严格要求自己，使自己保持正道直行。

见未真，勿轻言[①]

【原文】

　　见未真[②]，勿轻言[③]；知未的[④]，勿轻传[⑤]。

【注释】

　　①语出清代李毓秀《弟子规》。②真：真相。③轻：随便。④的：的确，确实。⑤传：传播。

【原文大意】

任何事情在没了解真相时，别轻易发表意见；对于事实没有确实清楚明白，不要传播。

【要点提示】

说话要负责任。对那些不了解真实情况的事，别随便谈论，更不要传播。不准确的信息传播出去是会伤害人的，会造成不良后果。孔子提出要"慎言"，就是指说出的话，自己要负责任，要算数，要有益于他人，要有益于社会。说话也要讲真、善、美。

话说多，不如少①

【原文】

话说多，不如少；惟其是②，勿佞巧③。

【注释】

①语出清代李毓秀《弟子规》。②惟：只。是：正确。③佞（nìng）：用花言巧语谄媚人。

【原文大意】

话说得多，不如说得少。要说，只说正确的，那些不实在的花言巧语不要讲。

【要点提示】

话，可说，要看听话的对象和说话的场合。该说的就说，不该说的别说。要说就说正确的，胡说八道、花言巧语的话别说，也别想。话，要对别人有益、有帮助；说话，要真诚、实在、负责、算数，否则别说。还有要注意"祸从口出"，免得造成不必要的误会和损失。

欲速则不达①

【原文】

无欲速②，……欲速则不达。

【注释】

　　①语出《论语·子路》。②无：通"勿"，不要。

【原文大意】

　　做事，不要急于求成；急于求成，往往达不到预期的目的。

【要点提示】

　　人们做事当然希望完成任务，达到目的。但是，在做事的过程中，要有计划、有安排，步步为营，直达目的。切不可不顾客观情况、自身条件，超现实地企图尽早、尽快完成任务、直达目的。这是不实际的愿望。做事，要客观地、科学地去实现计划。记住：欲速则不达！

慎如终如始①

【原文】

　　合抱之木，生于毫末；九层之台，起于垒土；千里之行，始于足下……民之从事②，常于几成而败之③。慎终如始④，则无败事。

【注释】

　　①语出《老子·六十四章》。②民：指一般人。③几（jī）：将要。④慎终如始：指做事做到最后就如刚起步一样。

【原文大意】

　　几个人需联合起来才能围抱的大树，也是从微小的小苗长大的；九层高的高台，是从平地上逐渐堆积泥土而成的；走完了千里之遥的路，也是从迈第一步开始，逐渐走完的……一般人做事，往往中途而止，有时是在几乎要完成时废止的。如果能谨慎地像开始一样保持到最后，那么就不会有失败的事了。

【要点提示】

　　凡事，都有一个开始。就像参天大树是从小苗逐渐长大一样。然而，人们往往半途而废，因为没能坚持到底。凡事要成功，必须有始有终，始终如一。坚持到底，才能如愿达标。

不失足于人①

【原文】

不失足于人②，不失色于人③，不失口于人④。

【注释】

①语出《礼记·表记》。②失足：这里指失礼。③失色：指失态。④失口：指说错话。

【原文大意】

（在与人相处时）不要失礼，不要失态，不要失言。

【要点提示】

做人要有志气，要有尊严，要自爱。所以，我们在与人交往时，不会失礼，以礼待人，以和为贵；我们也不会失态，不卑不亢，公平交往；我们也决不失言，出言必行，信义为重。这样做，我们就能做一个受人尊敬，受人爱戴、欢迎的人。

对尊长，勿见能①

【原文】

称长者②，勿呼名③；对尊长④，勿见能⑤。

【注释】

①语出清代李毓秀《弟子规》。②称：称呼。③呼名：叫人家的名字。④对：回答。⑤见（xiàn）：表现、卖弄。

【原文大意】

称呼长辈，别直呼其名；回长辈问话的时候，不要借机卖弄自己的才能。

【要点提示】

尊重长辈还有一点得注意：不能连姓带名直接称呼长辈，晚辈是没有资格这样叫的。可称"老爷爷"、"大爷"、"大叔"、"老师"、"阿姨"、"您老人家"等。也不要在长辈面前炫耀自己的才能，要谦虚恭敬地对待长辈。

长者先，幼者后①

【原文】

或饮食，或坐走②；长者先，幼者后。

【注释】

①语出清代李毓秀《弟子规》。②坐走：或是坐着，或是走着。

【原文大意】

无论是吃饭时，还是坐下、走着，都要请长辈先吃、先坐、先走，而幼年晚辈后吃、后坐、后走。

【要点提示】

这是关于尊敬长辈的问题。对待长辈，应懂得礼让，无论是吃饭时，或坐立行走，都应该让年长者在先，年幼者在后，一定要讲究长幼有序，充分尊重长者，时时处处注意对长者的尊重。

贵人而贱己①

【原文】

君子贵人而贱己②。

【注释】

①语出《礼记·坊记》。②贵：以人为贵，尊重。贱：看轻。

【原文大意】

作为君子，要尊重别人，看轻自己。

【要点提示】

学会、掌握运用尊重他人，是以人为本高尚的做法，也是一个人美德的体现。人，都是有自尊的，顾面子的，因此也很重视别人怎么对待自己。我们尊重他人，正是我们重视他人，充分发挥他人社会地位、社会作用的恰当做法。这样做，对方很心悦，很愿意配合，很愿意努力贡献自己的力量。同时，也营造了和谐的相处环境。

屈己尊人，平心下气①

【原文】

屈己尊人为要着②，平心下气是良方③。

【注释】

①语出清代刘一明《学人二十四要》。②要着：重要的处世态度。③下气：指谦恭的态度。

【原文大意】

能委屈自己、尊重他人，这是重要的处世态度；能平心静气、谦恭有礼，是待人的好方法。

【要点提示】

在与人交往时，要以严己重人、恭敬谦和的态度去对待他人。尊敬人，是自己品德修养好的表现。敬人，是以礼待人必要的做法。如能屈己尊人，你就能与人和睦相处，也会受到他人对你的尊敬。

自爱与自敬①

【原文】

人必其自爱，然后人爱之②；人必其自敬③，然后人敬之。

【注释】

①语出汉代扬雄《法言·君子》。②人：指别人、他人。③敬：尊重。

【原文大意】

人必须自己爱惜自己，别人才能爱他；人必须自己尊重自己，别人才会尊重他。

【要点提示】

在诸多的美德中，自爱、自敬是非常重要的，是必不可少的。自爱、自敬是长期严格要求自己的结果，是高标准要求自己的结果。所以，因为你高标准、严格要求自己、规范自己，别人必然会信任你、爱惜你、尊重你。

和 为 贵①

【原文】

礼之用②，和为贵③。

【注释】

①语出《论语·学而》。②礼：指周礼（含礼仪、礼节），也指人们的道德规范。③和：和谐，处事合情合理，恰到好处。

【原文大意】

礼的应用，为达到和谐而处事合情合理，恰到好处。

【要点提示】

礼，是制定的社会行为规范。在推行礼制时，最好是达到"和"的境界。和，是处理人际关系时，所希望达到的最好的状态，即达到和谐，使处事时合情合理，恰到好处，使人交往时和睦相处，并肩共进。"和"是我们处事的原则。人人以和为贵，我们就能建成和谐社会。

受恩而不忘^①

【原文】

　　人之有德于我也，不可忘也；吾有德于人也，不可不忘也。

【注释】

　　①语出《战国策·魏策》。

【原文大意】

　　别人对我有过恩德，自己要记住；自己对别人有过恩德，就不要记在心里。

【要点提示】

　　记住别人有恩德于自己，一要感恩，二要找适当的机会，用恰当的方法去报恩。自己对别人施过恩德，不必记它，这是应该做的。施了恩又想着让人家报恩，这说明你做好事的目的不纯。

恩欲报，怨欲忘^①

【原文】

　　恩欲报^②，怨欲忘^③；报怨短，报恩长。

【注释】

　　①语出清代李毓秀《弟子规》。②欲：应该。报：报答。③怨：怨恨。

【原文大意】

　　牢记别人的恩德并要报答，尽快忘掉对别人的怨恨。报怨的念头越短越好，报恩的思想越长越好。

【要点提示】

　　一个人应该存有感恩的心。父母、师长、朋友等都有恩于我们，我们应该清清楚楚、牢牢记住。不仅记住，要怀有报恩思想，一旦有机会，一旦有需求，我们要以百倍的努力去报答恩人。至于怨恨，事过就罢，不必常记，不需抱怨，这样，你将生活在一个健康、愉快的环境中。

投 桃 报 李①

【原文】

　　投我以桃②，报之以李③。

【注释】

　　①语出《诗经·大雅·抑》。②投我以桃：以桃投我。投：给。③报之以李：以李报之。李：李子（水果）。

【原文大意】

　　人家送给我一个桃子，我会送一个李子报答人家。

【要点提示】

　　人们常引用《诗经》的"投桃报李"来表达报恩或礼尚往来的心意。人，应该有感恩之心。别人有恩于我，不能"是应该的"，理所当然地去接受，而要有恩必报。甚至像人们常说的："滴水之恩，当涌泉相报。"退一步说："礼尚往来，来而不往非礼也。"

受 施 慎 勿 忘①

【原文】

　　施人慎勿念②，受施慎勿忘。

【注释】

　　①语出汉代崔瑗《座右铭》。②慎：千万。

【原文大意】

给了别人好处，千万别记着；接受了别人的好处，千万别忘记。

【要点提示】

助人为乐，是中华民族的传统美德。当别人遇到困难时，当别人需要帮助时，自己主动帮一把，出点力，这是做人的本分。做好事，助人，只奉献，不图利益，不图回报。但是别人帮了你，这就要记住了。不仅要谢人之助，还要记恩、报恩。汉代刘向说："人之有德于我也，不可忘也；吾有德于人也，不可不忘也。"说的是同一道理。

敬 酬 师 德①

【原文】

年方三十，志立学成，既居禄位②，先酬师德③。

【注释】

①语出唐代玄奘《大唐西域记》。②禄位：指有了稳定的工作和收入。③师德：指老师的恩德。

【原文大意】

年纪到了三十岁，人生大志已立，专业学习已完成，有了稳定的工作和收入，这时首先要报答老师的恩德。

【要点提示】

孔子指出：人，应该"三十而立"，年届三十，"志立学成"。此时，"既居禄位"，首先应该想到的是：要孝敬父母，报答师恩。没有父母的养育，成不了人；没有恩师的教诲，成不了才。父母恩、师恩都不能忘，都要用实际行动报答。

弟子通利则恩师①

【原文】

水深而回②，树落而粪本③，弟子通利则恩师④。

【注释】

①语出《荀子·致士》。②回：指有回旋的旋涡。③粪本：指落叶成肥料，滋养树。④恩师：指念念不忘恩师。

【原文大意】

水深了，会形成旋涡；树叶落了，会变成肥料滋养大树；弟子通达了，应该念念不忘恩师。

【要点提示】

古语说："一日为师，终身为父。"为什么？因为老师传授知识，教你如何做人，如同父母。你能深造，你能有成就，是老师给你打的基础，是老师教你的方法，是老师培养的结果。"滴水之恩，当涌泉相报。"老师给你的何止滴水？能报师恩，是一种美德。

爱、敬他人父母①

【原文】

子曰："爱亲者，不敢恶于人②；敬亲者，不敢慢于人③。"

【注释】

①语出《孝经》。②恶于人：指厌恶其他人的父母。③慢于人：指怠慢其他人的父母。

【原文大意】

孔子说："如果爱自己的父母，就不该厌恶其他人的父母；如果尊敬自己的父母，就不该怠慢其他人的父母。"

【要点提示】

关于这点，孟子说得好："老吾老，以及人之老；幼吾幼，以及人之幼。"热爱自己的长辈，也要热爱别人的长辈。所以，爱、敬自己父母，就不该厌恶、怠慢别人的父母。对待长辈的爱、敬，应该一视同仁，同样对待。

学前人栽树①

【原文】

前人栽树，后人乘凉。

【注释】

①语出《黄绣球·第一回》。

【原文大意】

前几代人种的树，成为后代人乘凉的地方。

【要点提示】

我们现今享受的方方面面的成果，是几千年、上万年我们的祖辈留下来的硕果。我们应该学祖辈们的心胸、知识、智慧、勤劳等优秀品质，我们不能只"乘凉"，也要为后人"种树"，多为社会、多为后代做贡献。

田家秋作苦①

【原文】

田家秋作苦，邻女夜春寒②。

【注释】

①语出唐代李白《宿五松山下荀媪家》。②春：把打下的谷物放在石臼中捣去外壳。

【原文大意】

农民秋天整天辛辛苦苦劳作，邻居家的妇女夜里冒着严寒还在春米。

【要点提示】

农民种地、耕耘、收获的全过程都是在辛苦、汗水中完成的。正如唐代大诗人李白亲眼所见：农民秋收苦，邻女夜寒中还在春米。可见，农民的劳动成果来之不易。我们应珍惜他们的劳动，倍加爱惜他们的劳动成果。

一粥一饭，来之不易①

【原文】

一粥一饭，当思来处不易；半丝半缕②，恒念物力维艰③。

【注释】

①语出清代朱柏庐《朱子治家格言》。②丝、缕：指人们穿的衣服。③恒念：常常想到。维艰：艰难。

【原文大意】

喝的每一碗粥，吃的每一顿饭，都要想到它们来之不易；每穿用一丝一缕织的布，要常想到织作这些东西的人付出的艰辛。

【要点提示】

珍惜劳动人民的劳动成果，这是美德。使用劳动成果当饮水思源，还要想到创造这些财富的艰辛。懂得这些，就会注意节俭，不浪费这些来之不易的东西。

耻智之不博①

【原文】

不患位之不尊②，而患德之不崇③；不耻禄之不伙④，而耻智之不博。

【注释】

①语出南朝·宋代范晔《后汉书·张衡传》。②患：担忧。尊：尊贵。③崇：高尚。④伙：多。

【原文大意】

不担心地位不尊贵，而要担心品德不高尚；不以俸禄不多为耻，而以知识不广博为耻。

【要点提示】

不同的人对不同的事有不同的要求、不同的标准。有的人以地位不尊贵、工资不高为耻，这是小人之举，不可取；有的人以品德不高尚、知识不广博为耻，这是严格要求自己、积极向上的表现，可赞、可行！

不知廉耻，何所不为^①？

【原文】

朱子曰^②："人能有耻，则能有所不为；不知廉耻，何所不为？"

【注释】

①语出清代张锰《浅近录》。②朱子：指宋代朱熹。

【原文大意】

朱熹说："人若有羞耻心，就会知道有些事是不能去做的；人若没有羞耻心，那就什么样的事都会做得出来。"

【要点提示】

羞耻心对人来说是十分重要的。有羞耻感，就有一个警戒线，明确什么类的事绝对不可做；做了就是无耻！没羞耻心，什么可耻的事都去做，做了也也不觉得不对，做了也心不亏，脸不红。这已是无耻之极。无耻之人，是会遭万人鄙视、唾骂的！

言过其行，耻^①

【原文】

子曰："君子耻其言而过其行^②。"

【注释】

①语出《论语·宪问》。②过其行：指超过（他的）行为。

【原文大意】

孔子说："君子以他所说的超过他所做的为可耻。"

【要点提示】

说得多，做得少；说得好，做得差；说得天花乱坠，做得一塌糊涂……都属言过其实。孔子认为这种说得多，而做得差的行为，是可耻的。言过其实，不实事求是，失信于众，有邀功取誉之嫌，是不足取的。

失 信，可 耻①

【原文】

古者言之不出②，耻躬之不逮也③。

【注释】

①语出《论语·里仁》。②言之不出：指不轻易说话。③躬之不逮：指自己做不到。躬：亲自。逮：及，达到。

【原文大意】

古人很注意不轻易许诺，因为说了自己却做不到，是可耻的事。

【要点提示】

孔子反复告诫他的弟子：要"慎言"，说话要谨慎。一是别说错话，二是要说到做到。说了做不到，那是空话、大话、谎话，是不负责任的，是很可耻的行为。

言 行 之 耻①

【原文】

言不中②，行不谨，辱也。

【注释】

①语出隋代王通《文中子中说·王道》。②言：说话。中：指合适，得体。

【原文大意】

说话不得体，行为不谨慎，这是耻辱的事。

【要点提示】

说话得体，是修养，是水平，是身份的体现。说话不得体当然丢脸了。一个人，要行得正，行为要规范，要合于社会公德，离开正道，失了道德，岂不可耻。所以，一个人要谨言慎行，不失言，不失德才是。

要有羞耻心①

【原文】

子曰："行己有耻②。"

【注释】

①语出《论语·子路》。②行己：指自己的行为。

【原文大意】

孔子说："对自己的行为处事，要有羞耻之心。"

【要点提示】

我们时时、处处、事事都要对自己的言行举止负责任，都要以正、善、对为验收标准。孔子的这一教导，就是要求我们，能用羞耻之心约束自己，使自己的言行举止不能低于这个做人的底线。这样，才能保证自己正道直行。

有耻，可教①

【原文】

必有耻②，则可教。

【注释】

①语出清代张锰《浅近录·居心总》。②有耻：知耻。

【原文大意】

人若知耻，是可以教育的。

【要点提示】

教育不是万能的，一个人如果到了恬不知耻的地步，就不可救了。一个人，有羞耻心，犯了错误，还是可以通过教育，使他认识错误，改正错误的。有了羞耻心，就会有是非观，就能知过、改过。

人不可以无耻①

【原文】

人不可以无耻。无耻之耻②，无耻矣。

【注释】

①语出《孟子·尽心上》。②无耻：指无耻之心。

【原文大意】

人，不可以不知羞耻。不具备羞耻心的这种羞耻，是不可救药的羞耻。

【要点提示】

知耻，是人与动物区别的主要标志之一。所以人们说：耻，是做人的底线。不要这个做人的底线，不知什么是耻，甚至以耻为荣，这是真正的无耻！人，要知耻。人，要懂得什么是耻，知耻而止，保持做人的资格、做人的尊严，远离耻辱。

大不幸无耻①

【原文】

大不幸无耻。

【注释】

①语出清代张锰《浅近录·居心总》。

【原文大意】

最大的不幸，就是没有羞耻心。

【要点提示】

人，一定要有羞耻心。要知道什么是荣，什么是耻。凡是无耻之心，不可存；无耻之话，不可说；无耻之事，不可做！如果一个人没有羞耻心，说了无耻话，做了无耻事，就是小人。

人谁无过？贵其能改①

【原文】

人谁无过？贵其能改。

【注释】

①语出《三国志·吴志·孙皎传》。

【原文大意】

谁能不犯错误呢？可贵的是犯了错误能改正。

【要点提示】

"人非圣贤，孰能无过？"所以，人犯错误，包括说错了话，办错了事那是难免的。关键是犯了错误之后怎样对待。犯了错，不认，那就会坚持错误，错上加错。犯了错，认了，不改，仍然是错。犯了错，认识了，改了，这就好。有错就改，这是接受教训，是进步，这样做就不会犯同样的错，避免造成损失，这样对待所犯的错是可贵的。

人有过失，己必知之①

【原文】

人有过失，己必知之；己有过失，岂不自知②？

【注释】

①语出宋代林逋《省心录》。②岂：难道。

【原文大意】

别人犯了错误，自己会知道；自己有了错误，难道自己会不知道吗？

【要点提示】

"责人严，责己宽"，这是某些人的错误做法。他们瞪大眼睛看别人的缺点、错误，而对自己的缺点、错误则睁一只眼，闭一只眼，或干脆装没看见。这是对社会、对他人、对自己极不负责的做法。对人严，对自己也应该严，这是公正、公平的做法。自己错了，要知，要认，要重视，要坚决改！

重以周与轻以约①

【原文】

古之君子，其责己也重以周②，其待人也轻以约③。

【注释】

①语出唐代韩愈《原毁》。②重：指严格。周：全面。②轻：指宽容。约：指简约。

【原文大意】

古代的君子要求自己既严格又周全，要求别人既宽容又简约。

【要点提示】

这里说的"古之君子"是值得我们学习的。他们严己，"重以周"；他们宽人，"轻以约"。这样，严己使自己不犯错误，少犯错误，能走在正道上，成为君子。这样，宽人使同学、同事、朋友既能得到恰当的帮助，又能和谐相处。自己进步了，大家也和谐了。

有过知悔者，不失为君子①

【原文】

有过知悔者，不失为君子。

【注释】

①语出宋代何坦《西畴老人常言》。

【原文大意】

有了过失知道后悔的人，仍然可以做君子。

【要点提示】

人人都该做君子，但做君子是有条件的。那就是怀着仁爱之心，以善意待人，走正道、做善事的人。有的人一心想做君子，可又做错了事，怕当不了君子了，怎么办？这里，就看你认不认错，改不改错。认错了，用实际行动改了错，你仍然可以做君子。就怕有错不认，拒改，那就是小人了。

常悔往事，德日进①

【原文】

人之处事，常能悔往事之非②，常悔前言之失，常悔往年之未有知识，其德之进，所谓日加益而不自知也③。

【注释】

①语出清代张镒《浅近录》。②非：指做错的事。③加益：增益。

【原文大意】

人在处事时，若能常常悔悟所做的错事、所说的错话，常常悔悟所学知识的不足，这样，道德修养将会与日俱增。

【要点提示】

人常会做错事、说错话、错过学知识的时机。如若常检讨自己的错误言行，就会少犯那些错，通过严格要求自己，使自己言行更规范。

过，则勿惮改①

【原文】

过，则勿惮改②。

【注释】

①语出《论语·学而》。②惮：怕。

【原文大意】

犯了错误，就不要怕改正。

【要点提示】

谁都有缺点，谁都难免说错话、办错事；然而缺点、错误总是少点好，没有更好。这里需要的是：不要容忍缺点、错误的存在，更不要允许它们肆意扩大、发展。正确的做法是：改！不要怕改起来"要忍痛"，也不要怕"丢面子"。大胆点，勇敢些，下决心改，坚持改下去，直到纠正不足、改正错误。

见善则迁，有过则改①

【原文】

见善则迁②，有过则改③。

【注释】

①语出《易经·益卦》。②迁：迁至，指照着去做。③过：过失，过错。

【原文大意】

　　看到好的，就照着去做；有了过错，立即改掉。

【要点提示】

　　"见善则迁"和"见贤思齐"是一个意思，就是见到善的、好的就向他看齐，以他为榜样，向他学习。见到好的、善的就学，天天学，日积月累，自己就会成为善者、好人。有错，知错、认错并马上改正，认真改，坚决改、彻底改。"不贰过"，保证同样的错绝不犯第二次。错改了，善加了，这才能称为正人君子。

能改过，甚好①

【原文】

　　人谁无过②？过而能改，善莫大焉③。

【注释】

　　①语出《左传·宣公二年》。②过：过错，过失。③焉：兼词，于此。

【原文大意】

　　人犯错误是难免的，犯了错就改，改错是最好的了。

【要点提示】

　　"人非圣贤，孰能无过？"其实，圣贤也难免会犯错，何况普通人呢？既然人犯错难免，关键在于怎样对待错误。有的人，坚持错误，不认错，不改错，这是糊涂的做法，没好处，没前途。正确的态度是犯了错，要认错，要深思犯错的原因，然后坚决改错。"过而能改，善莫大焉。"改错了，没错了，轻装前进，再努力，再进取，这有多好！

过能改，归于无①

【原文】

　　过能改②，归于无③；倘掩饰④，增一辜⑤。

【注释】

　　①语出清代李毓秀《弟子规》。②过：过错。③归于无：不算错。④倘：如果。⑤辜：罪过。

【原文大意】

　　如果犯了错，知错必改，那就不算错；如果掩饰错误，那就是错上加错。

【要点提示】

　　犯了错，先知错，再认错，有悔意，决心改正，这是聪明正确的做法。有错改了就是了，自己不再犯同样的错误，别人也就原谅你了。如果错了，知错不认，不改，反而掩饰，反而狡辩，那是错上加错，只能在错误的道路上越走越远！

改过之谓勇^①

【原文】

　　知过之谓智，改过之谓勇。

【注释】

　　①语出清代陈确《警言·近言集》。

【原文大意】

　　能知道自己的过错，这叫聪明；有过错能改正，这叫勇敢。

【要点提示】

　　聪明人是不会办糊涂事的，自己错了，装不知，或死不承认，这是糊涂人做的事！聪明人是知错认错，知错改错，无错才能一身轻。有了错，改错也是要有勇气的，所以有错能改正这叫勇敢。所以"知过之谓智，改过之谓勇"。

无 则 加 勉①

【原文】

有则改之②，无则加勉③。

【注释】

①语出宋代朱熹《论语·学而·注》。②改之：指改错。③勉：勉励。

【原文大意】

有了错误，就立即改正；如果自己没犯错误，就勉励自己不要犯这种错误。

【要点提示】

犯了错，认了错就改，改得越快越好，改得越彻底越好。以上这段话需要我们重视的是"无则加勉"。别人犯了这种错，自己没犯过这种错，怎么办？要引以为戒，要用别人犯的错给自己敲警钟，提醒自己千万不要犯同样的错！这样，就确保了自己少犯错误。

不 贰 过①

【原文】

子曰："不迁怒②，不贰过③。"

【注释】

①语出《论语·雍也》。②迁怒：把自己的怨怒转向其他人。③贰过：同样的错误犯第二次。

【原文大意】

孔子说："（颜回）不会把自己的怨怒转给其他人，同样的错误也不会犯第二次。"

【要点提示】

这是孔子让我们向他的好学生颜回学习的话。一学颜回不向别人转嫁自己的怨怒情绪，有怨怒自己消掉，别伤及无辜的人。二学颜回严格要求自己，犯了错误，深刻认识，吸取教训，同样的错误决不犯第二次。只有严格要求自己，人才能不断进步。

但攻吾过，毋议人非①

【原文】

但攻吾过②，毋议人非③。

【注释】

①语出《陈确集·别集·不乱说》。②但：只。攻：攻克，克服。③毋（wú）：不要。

【原文大意】

只要专心克服自己的缺点，不要去议论别人的是非。

【要点提示】

要想让自己成为一个正直的人，从小就必须严格要求自己。严己，就要树正去邪；学好的，改错的。那就要学习传统美德，发现不合要求的地方，认真改，坚决改，彻底改，变不好的为好，使自己成为符合中华传统美德要求的人。不要分心去议论别人的是非。

口不言人之过①

【原文】

耳不闻人之非②，目不视人之短③，口不言人之过④。

【注释】

①语出宋代林逋《省心录》。②非：错误。③短：短处，缺点。④过：过失。

【原文大意】

　　耳朵不要去听别人的错误，眼睛不要去看别人的缺点，嘴里不要去议论别人的过失。

【要点提示】

　　要想做一个正人君子，就要严格要求自己，做自己该做的事，不做那些与自己成长、进步无关甚至有害的事。例如，不要去听、去看、去说别人的缺点、错误。

当从无过中求有过[①]

【原文】

　　待己当从无过中求有过，待人当从有过中求无过。

【注释】

　　①语出《格言联璧·接物》。

【原文大意】

　　对待自己，应该从没有过错中找出不足；对待别人，应该从他的过错中找出他的优点。

【要点提示】

　　严己宽人，这是做人的原则。当自己已经做得不错了，受到众人的肯定和赞誉，这时你应该对自己吹毛求疵，"从鸡蛋里挑骨头"，从优点中找自己的不足，这样可以使自己好上加好，尽善尽美。而对别人，不要总盯着人家的过失和不足，要努力寻求人家的优点。这样，可以使自己扬长避短，不断进步。

见人之过，得己之过[①]

【原文】

　　见人之过，得己之过[②]；闻人之过，得己之过。

【注释】

①语出宋代杨万里《庸言》。②得：得知。

【原文大意】

看到了别人的过失，也就能得知自己的过失；听到了别人的过失，也就能得知自己的过失。

【要点提示】

一个人想进步，时时、处处、事事都会留心自己的言行举止，使自己走在进步的大道上。看见、听到其他人的过失，就如同看到、听到自身过失，有则改之，无则加勉，引以为戒。这是从严要求自己的做法，应该值得效仿。

苦 药 利 病①

【原文】

苦药利病，苦言利行②。

【注释】

①语出汉代袁康《越绝书》。②苦言：指不受听的劝言。

【原文大意】

味道苦的药，对治病有好处；听起来难于接受的话，对改正自己的行为有好处。

【要点提示】

药，是治病的；苦药，治重病。劝言，是推善止恶的；苦劝，是极力阻恶的。我们有病了，就不能不求医用药；我们行为有偏差，就应该广听正言，接纳善劝，及时停止错误的做法。人在社会生活中，要善于听取正确的意见，而不要计较劝言好不好听。

过而不改，错上加错^①

【原文】

过而不改^②，是谓过矣^③。

【注释】

①语出《论语·卫灵公》。②过：过错。③过：指错上加错。

【原文大意】

有了过错又不改正，这是错上加错。

【要点提示】

每个人在工作、生活中都难免出错。错了要认错，知错要改错，纠正了错误，以后就不会犯同样的错了。但是，犯了错，不知错、不改错，不仅原来的错仍然存在，拒绝认错、改错，就又加一错！所以，出错难免，改了就好！

短不可护，护短终短^①

【原文】

短不可护^②，护短终短；长不可矜^③，矜则不长。

【注释】

①语出明代聂大年《座右铭》。②短：短处。③矜（jīn）：自夸。

【原文大意】

有了短处，不可护短；护短，短处终归还是短处。有了长处，不可自夸；自夸了，长处也就不是长处了。

【要点提示】

人们都有自己不同的优点和缺点，就像伸出一个巴掌看五个手指，有长有短。缺点不可以掩饰，无论你怎么遮掩，缺点仍然是缺点。所以"短不可护"。有了优点也别自我欣赏，不要自夸，自夸多了，这又成了一个新的缺点。所以"长不可矜"。我们要改掉缺点，保持优点。

来者犹可追①

【原文】

　　往者不可谏②，来者犹可追③。

【注释】

　　①语出《论语·微子》。②往者：过去了的时光。谏：指改正。③来者：未来的时光。追：指充分利用。

【原文大意】

　　过去了的时光已无法挽回了，未来的时光还是可以充分利用的。

【要点提示】

　　时光如东流水，不停地流，一去不复返。伴随时光的流逝，已过去了的，再也回不来了；没抓紧时光，也无法挽回。然而，明天、后天，以后的时光，掌握在自己的手上，抓住、充分有效地利用它，还是大有可为的。

四戒和四宜①

【原文】

　　约言之有四戒四宜。四戒：一戒晏起②，二戒懒惰，三戒奢华，四戒骄傲。四宜：一宜勤读，二宜敬师，三宜爱众，四宜慎食。

【注释】

　　①语出清代纪晓岚《纪晓岚家书》。②晏起：晚起。

【原文大意】

简单地概括，有四戒四宜。四戒是：一要戒睡懒觉，二戒懒惰，三戒奢侈，四戒骄傲。四宜是：一宜勤勉读书，二宜尊敬老师，三宜用爱心对众人，四宜饮食要谨慎。

【要点提示】

纪晓岚教子的四戒、四宜，是弟子应遵循的教导，是教育子女的金科玉律。作为弟子依此四戒、四宜去做，也会健康地成长。

患知进不知退①

【原文】

患人知进而不知退②，知欲而不知足③，故有困辱之累④，悔吝之咎⑤。

【注释】

①语出三国时期王昶《诫子侄》。②患：担忧。③欲：贪欲。④困辱：困窘凌辱。⑤咎：过失。

【原文大意】

怕就怕只知获取而不知适可而止，只知贪欲而不知满足。所以才有受困窘、受凌辱的过错，才会有产生悔恨的过失。

【要点提示】

人们应该倡导为社会、为他人做贡献，而不是只知贪取个人利益。只知取、知贪，终究会遭到阻止、反击，使自己处于极其被动的局面。知足常乐，适可而止，这才是正确的、聪明的做法。

不亲仁，无限害①

【原文】

不亲仁②，无限害；小人进③，百事坏。

【注释】

①语出清代李毓秀《弟子规》。②仁：指品德高尚的人。③小人：指品德低下的人。

【原文大意】

不去接近品德高尚的人，有很多的害处；在这种情况下，小人就找上你，让你做出很多坏事。

【要点提示】

"近墨者黑。"远离品德高尚的人，坏人就接近你，带来的是坏思想，坏风气，坏行为，坏做法。日复一日，你就染上坏思想、坏行为，使许多事都办不成，做不好，导致人毁事败。所以，小人接近不得，要警惕受小人的影响，要保证做一个讲道德的好人。

闻誉恐，闻过欣①

【原文】

闻誉恐②，闻过欣③；直谅士④，渐相亲。

【注释】

①语出清代李毓秀《弟子规》。②恐：惶恐不安。③过：过错。④直谅士：指正直的人。

【原文大意】

听到称赞就惶恐不安，听到批评就高兴，这样的话，正直善良的人就会亲近你。

【要点提示】

听到赞誉，没飘飘然，反而再查哪儿做得不够，怎么做更好，这就使自己逐渐进步，逐渐完善。闻过则喜，能认真、虚心接受别人的批评、指正，并能严肃对待，坚决改正，使自己日有所进，优点越来越多，过失、缺点越来越少，使品德渐趋完善，这有什么不好？

有心非，名为恶①

【原文】

　　无心非②，名为错③；有心非，名为恶④。

【注释】

　　①语出清代李毓秀《弟子规》。②无心：不是有意的。非：做错了事。③名：名义上。④恶：恶行。

【原文大意】

　　不是有意做错了事，只是名义上的错；故意地做错事，那就是作恶。

【要点提示】

　　无心做错了事，是犯了错；但若是明知故犯，那就是罪恶。无心非，可原谅；有心非，不可饶恕。有心非，如不孝顺父母、不尊敬兄长、贪污、受贿行贿、偷盗、酗酒等，知错犯错，错上加错！因此，我们都应有自爱心、公德心、羞耻心，对不该做的事不做，千万戒之！

对饮食，勿拣择①

【原文】

　　对饮食，勿拣择②；食适可③，勿过则④。

【注释】

　　①语出清代李毓秀《弟子规》。②拣择：挑挑拣拣，指挑食。③适：适量。④则：原则。

【原文大意】

　　吃东西不能挑挑拣拣，饮食要适量，过量会伤身。

【要点提示】

挑食会形成偏食，长期偏食会营养不全，营养不全会影响健康生长，会生病。吃饭别挑食、偏食。饮食要适可而止，不因喜吃而贪食，贪食则过量，过量会伤身的。长期饮食失节制、过量，会导致肥胖。肥胖不仅影响形象、行动不便，还会逐渐导致多种疾病的产生。

年方少，勿饮酒①

【原文】

年方少②，勿饮酒；饮酒醉，最为丑③。

【注释】

①语出清代李毓秀《弟子规》。②方：正当。少（shào）：小，年轻。③丑：难看，丢人。

【原文大意】

年纪还小的时候，千万别喝酒；如果喝醉了，会丑态百出。

【要点提示】

年纪小的孩子，以至上了学的中、小学生是不允许喝酒的。学生禁酒是上了《学生守则》的。喝酒是成年人的事，即使是成年人，喝酒也必须限量。如果超量饮酒，酒会醉倒人。喝醉了，会伤身体，同时最容易表现出不当的言行，说大话、空话、耍酒疯、呕吐不止……丑态百出！

斗闹场，绝勿近①

【原文】

斗闹场②，绝勿近③；邪僻事④，绝勿问。

【注释】

①语出清代李毓秀《弟子规》。②斗闹场：指热闹的、打斗的场合。③绝：绝对。④邪僻：不正当，邪恶怪僻。

【原文大意】

　　吵吵闹闹的场合、打打斗斗的场地，千万不要靠近。对那些不正当的、邪恶怪僻的事，千万不要过问。

【要点提示】

　　爱凑热闹，这不是好习惯。喧闹的地方，潜藏着危险；打斗的场合，容易被伤害。因此"斗闹场，绝勿近"。社会上有时会出现一些邪恶、荒诞的事，对这类事不必有好奇心，也千万不要去打听。离"邪僻事"远远的，有利于我们健康成长。

刻薄、污秽语，切戒之①

【原文】

　　刻薄语②，污秽词③，市井气④，切戒之。

【注释】

　　①语出清代李毓秀《弟子规》。②刻薄：冷酷无情，过分苛求。③污秽：肮脏、下流。④市井：指庸俗的话语、习气。

【原文大意】

　　冷酷的、挖苦的话，肮脏下流的话别学，更别讲；小市民的庸俗习气别沾；千万要牢记。

【要点提示】

　　我们不仅要提倡心灵美，也提倡语言美。说话，出自爱心，出自善意；说出的话要助人向善，要助人为乐；说鼓励人的话，说帮助人的话。而那些尖酸刻薄、肮脏下流、无赖低俗的话，不学、不想、不说。尊重他人，营造一个善良、优美的语言环境。

见人恶，即内省①

【原文】

　　见人恶②，即内省③；有则改，无则警④。

【注释】

①语出清代李毓秀《弟子规》。②恶：指缺点或不良行为。③省：反省，检查。④警：警惕。

【原文大意】

见到别人的缺点，或不良行为，应该对自己的言行举止反省。有同样的问题，马上改正；如果没有，也要引以为戒。

【要点提示】

"见恶内省"也是孔子的教导，也就是"其不善者而改之"。见到别人有缺点、犯错误，马上做自我对照检查，查到有同样问题，立即改，认真改，彻底改；如若没有同样问题，要以此为戒，并时刻提醒自己，别再犯同样的错误。

扬人恶，即是恶①

【原文】

扬人恶②，即是恶③；疾之甚④，祸且作⑤。

【注释】

①语出清代李毓秀《弟子规》。②扬：宣扬。恶：缺点、错误。③恶：恶劣的行为。④疾：憎恨。甚：过分。⑤且：将要。作：发生。

【原文大意】

宣扬别人的缺点、错误，是一种恶劣的行为；当被宣扬的人恨你时，你将招来灾祸。

【要点提示】

宣传别人的毛病、过失，是一种不道德的恶行。这种背后议论人，搞小动作，不仅损害了别人，也是积累自己的恶德恶行。说人家的坏话，会伤害感情，破坏团结，甚至会引起矛盾冲突，以致会给说坏话的人带来灾祸。

理服人，方无言①

【原文】

　　势服人②，心不然③；理服人，方无言④。

【注释】

　　①语出清代李毓秀《弟子规》。②势：权势，势力。③然：这样。④方：才。

【原文大意】

　　用强权势力去压服人，人家心里可不是这样服你；用讲道理使人服，那才使对方无言以对。

【要点提示】

　　用强权、势力，钱财去压人，使人受控、服从，这是迫于无奈，不是真服，是"口服心不服"。压力下的迫人服，有时会产生对抗心理，埋藏着定时炸弹，很危险。而正人君子，向来是摆事实、讲道理，以理服人，使对方口服心服。"有理走遍天下，无理寸步难行。"

事勿忙，忙多错①

【原文】

　　事勿忙②，忙多错③；勿畏难④，勿轻略⑤。

【注释】

　　①语出清代李毓秀《弟子规》。②事：指做事。忙：匆忙，忙乱。③错：出错。④畏：害怕。⑤轻略：轻视，忽略。

【原文大意】

　　做事情不要匆匆忙忙，忙中容易出错。做事情不要怕困难，也别轻视、大意。

【要点提示】

做事情之前要想一想：什么事？什么要求？怎么做？这样，就会有条理、有步骤、有方法地去把事情做好。不要匆忙，不要粗心，不要畏惧。匆忙易出错，粗心易忽略，畏惧易放不开手，迈不开步，办不成事。

用人物，须明求①

【原文】

用人物②，须明求③；倘不问④，即为偷。

【注释】

①语出清代李毓秀《弟子规》。②人：指别人。物：物品。③明：明确。④倘：如果，假如。问：询问，征求。

【原文大意】

使用别人的东西，必须明确向物主提出请求，如果不经允许就用别人的东西，就是偷。

【要点提示】

这里有两个问题：一是自己的行为要光明正大，不做不明不白的事，不做使人误会的事。所以动用别人的东西，一定要明明白白地征求物主的同意。二是要充分尊重别人，东西是人家的，愿不愿意，能不能借给他人使用，是物主的权利。我们不能使别人利益受到损害，也别让人家为难，因此借人物，须明求。

自矜者不长①

【原文】

自伐者无功②，自矜者不长③。

【注释】

①语出《老子·二十四章》。②伐：夸耀。③矜（jīn）：自尊自大。

【原文大意】

自夸自赞的人，很难成功；自高自大的人，很难进步。

【要点提示】

人生在世，要学习，要进步；人生在世，要事业，要成功。但自高自大、自以为是的人，就易满足，满足就不易继续学习，不学习就难进步；另外，一个人，如果他自夸自赏、沾沾自喜，易躺在已有的点滴成绩上，那么他离成功就远了。所以，人不能自高自大，不能自夸自誉，人要谦虚，要谨慎，要苦学，要渐进。这样，才能进步，才能成功。

拒不义的富且贵①

【原文】

子曰："不义而富且贵②，于我如浮云③。"

【注释】

①语出《论语·述而》。②不义：指用不道德的手法获取的利益。③浮云：喻指遥远得不沾边。

【原文大意】

孔子说："用不正当的手段，获得的钱财和地位，对于我来说，就如遥不可及的远天的浮云。"

【要点提示】

富，好；贵，也好。能"富"且"贵"，是受人们欢迎的。但怎么能获得富且贵，是要严格考证其获取的方法。以不正当的手段获得的富贵，是不道德的，是非法的。通过劳动、创造获得的富且贵，是可以肯定的。我们要记住孔子的这一教导，坚决拒绝不义得来的富贵。

自见者不明①

【原文】

自见者不明②，自是者不彰③。

【注释】

　　①语出《老子·二十四章》。②见：同"现"，表现，指固执己见。③彰：明显，明白。

【原文大意】

　　固执己见的人，往往不能明察事理；自以为是的人，常常分不清是非。

【要点提示】

　　人贵有自知之明。自己的知识有限，自己的经验有限，所以自己的见解也会有限。那些固执己见、自以为是的人，对自己估计过高，自信过分，导致的结果经常是错误的。我们一是要谦虚谨慎，二是要孜孜以求地学习，永不停息地充实、提高自己。

恶语伤人六月寒^①

【原文】

　　良言一句三冬暖^②，恶语伤人六月寒。

【注释】

　　①语出《名贤集》。②良言：好话。

【原文大意】

　　一句好话，能让人即使在三九天也心暖；而一句恶语，就会让人在大热天也觉得寒冷。

【要点提示】

　　我们与人相处，应以爱心相待。我们的言行举止，都要让对方得到关怀，得到帮助，得到快乐，使人轻松愉快地投入到学习、工作中去。但千万注意不能口出恶语，不能打击人、伤害人。植爱心，出善言，就会结善果。

无道人之短^①

【原文】

无道人之短^②，无说己之长^③。

【注释】

①语出汉代崔瑗《座右铭》。②无：通"勿"，不要。道：这里指议论。③说：这里指夸耀。

【原文大意】

不要议论别人的短处，也不要夸耀自己的长处。

【要点提示】

人，都有其自身的优点、缺点，也就是各有长、有短。我们不该议论别人的短处，这样做是无益的，也是不道德的。我们也不该自夸，自夸是损毁道德的。相反，我们应该让别人扬长避短，助人进步；也应该以别人的优缺点为镜，取长补短，以求自己的进步。

人无远虑，必有近忧^①

【原文】

人无远虑^②，必有近忧。

【注释】

①语出《论语·卫灵公》。②虑：思虑，打算。

【原文大意】

人若没有长远的打算，一定会遇到近期忧虑的事。

【要点提示】

一个人一定要有生活的目标，要有志向，同时也要对实现人生目标、志向进行具体安排，以便一步一步实现理想。如果这样，你生活的某个阶段都会有某些具体措施，时时推进自己。相反，人若盲目度日，不知明年、下个月、明后天干什么，意想不到的困难就会降临在你面前，使你措手不及，不知该如何是好。谋事在人，预则立。没有计划的生活要不得。

君子安而不忘危①

【原文】

　　君子安而不忘危，存而不忘亡，治而不忘乱。

【注释】

　　①语出《周易·系辞下》。

【原文大意】

　　作为君子，在安定时，不要忽视有危机存在；生存安稳时，不要忽视使你灭亡的因素；天下太平时，不要忽视有动乱的可能发生。

【要点提示】

　　备而不用，可以；千万别用而无备！安定时，要防备危机产生；正常生存时，要防备死亡的降临；太平时，要防备动乱。作为君子，不能只看眼前，"人无远虑，必有近忧"。做领导的更要有远见、有预见，因为你身系国家、人民的利益和安危。

种 瓜 得 瓜①

【原文】

　　种瓜得瓜，种豆得豆。

【注释】

　　①语出清代朱舜水《答奥村庸礼问》。

【原文大意】

　　种下瓜的种子，就会结出瓜；种下豆的种子，就会结出豆子。

【要点提示】

　　世界上的事，都是有因果关系的。前有因，后就有果。这里讲的就是这个道理。因此，我们从小就要学美德、用美德，一辈子就会成为讲美德的人。从小就刻苦学习，长大以后就会成为有知识、有能力的人。从小就注重锻炼身体，养成良好的生活习惯，长大就会身体好。打好人生基础，一辈子受用。

学国学　用国学

劝学

育德·劝学·健体

学了，要常温习①

【原文】

子曰："学而时习之②，不亦说乎③？"

【注释】

①语出《论语·学而》。②时：时常，经常。习：包括温习、练习。③说（yuè）：同"悦"。

【原文大意】

学了新知识、新技能，经常温习、练习，这不也是令人高兴的事吗？

【要点提示】

学习，"过目不忘"、"一学就会"是少数人、个别人的事。一般人就要把学过的东西经常复习、练习才能理解、掌握。这是个刻苦努力的过程、是要坚持的过程，是付出的过程。同时，这也是收获的过程、提高的过程，所以也是快乐的过程。

温 故 知 新①

【原文】

子曰："温故而知新②，可以为师矣③。"

【注释】

①语出《论语·为政》。②故：指已学过的知识。新：没学过的知识，或指新的见解、新的体会。

【原文大意】

孔子说："温习已经学过的知识，可以从中得到新的见解，可以做老师了。"

【要点提示】

孔子提倡"学而时习之"因为"温故"可以"知新"。复习已学过的知识，认真钻研，就完全有可能有新的体会、新的认知。这是进步，这是收获。有了新的认识，可以和别人交流体会，所以"可以为师"了。

所学经书，必加温习①

【原文】

我愿汝曹将平昔已读经书②，视之如拱璧③，一月之内，必加温习。

【注释】

①语出张英《聪训斋语》。②汝曹：你们。③拱璧：指珍贵的玉璧。

【原文大意】

我希望你们把平日已读的经书，当作珍贵的宝贝，一个月之内，必须重温一遍。

【要点提示】

孔子教导我们："学而时习之。"学过的东西要定时去复习、练习。只有这样，才能牢记、熟悉所学，才能把所学的变成自己的本领。同时，"温故知新"，从温习所学过的知识中获得深刻的、新的见解。因此，我们必须重视定期温习所学的知识。

传不习乎①？

【原文】

传不习乎②？

【注释】

①语出《论语·学而》。②传（chuán）：指老师传授的知识、技能。

【原文大意】

老师传授的知识，你复习、练习了吗？

【要点提示】

老师讲授的知识，要复习，这是进一步理解、掌握知识的必要的方法，也是有效的方法。通过复习，除了检查是否懂了之外，还进一步检查能否做到"举一反三"、"触类旁通"。若能做到，这才叫真懂、真掌握了。另外，老师还指导做实验、教操作，这就要练习了。通过练习，才能做到熟能生巧。

读十遍不如做一遍①

【原文】

读十遍不如做一遍②。

【注释】

①语出清代唐彪《文章多做始能精熟·引谚》。②做：写。

【原文大意】

读十遍诗，不如写一首诗。

【要点提示】

读，必要；多读，更好。但是，不论是诗，还是文章，读多少遍也不如自己练习写一写好。光读，是人家的；自己写一首诗、写一篇文章，是自己的。要想提高自己的能力，掌握真本领，还是自己动脑、动手好。

学如不及，犹恐失之①

【原文】

子曰："学如不及②，犹恐失之③。"

【注释】

　　①语出《论语·泰伯》。②及：达到要求。③失：指忘掉。

【原文大意】

　　孔子说："学习好像追赶什么，总怕赶不上，何况还担心把学过的忘掉呢！"

【要点提示】

　　学习是要认真投入的，是要刻苦努力的。虽如此，还不一定能达到预期要求，还必须继续苦学。学过的知识随着时光的流逝，还会忘掉一些，淡化一些。所以要"学而时习之"，通过反复温习、练习，恢复记忆，熟悉所学，巩固所学。学，要努力推进；复习，要常进行，直至所学的知识已完全变成你生命的组成部分。

士朝而受业①

【原文】

　　士朝而受业②，昼而讲贯③，夕而习复，夜而计过④，无憾而后即安。

【注释】

　　①语出《国语·鲁语下》。②受业：接受教师的教学。③讲：讲习，理解教师所讲。贯：融会贯通。④计：整理。过：所学的内容。⑤无憾：没留下什么遗憾。

【原文大意】

　　读书人早晨听了老师讲的知识，白天时间去理解，去消化，使之融会贯通。晚上对学过的知识进行复习，夜里再总结一下，没有浪费时间，真正懂了，记下了，也就没有遗憾了。

【要点提示】

　　这里介绍的是学习的过程，是合理的方法。认真听讲，深入理解，精心复习，细心总结。如此学习，学了，懂了，记下了，只待用了。

日习则学不忘^①

【原文】

日习则学不忘^②，自勉则身不堕^③。

【注释】

①语出汉代徐干《中论·治学》。②习：温习，练习。③堕：堕落。

【原文大意】

每天温习、练习，所学的东西就不会忘记；时时能自我勉励，自己就不会堕落。

【要点提示】

刀，反复磨才锋利；钢，经过久炼才炼成；知识、技能，多次温习、练习，才能真正掌握在自己的手上。人的意志也必须反复磨炼，时时激励自己，才能不断进步。有了真知、真本领，有了坚强的意志，就能为社会做出贡献。

读书与做人^①

【原文】

读书做人，不是两件事。将所读之书，句句体贴到自己身上来，便是做人之法。如此，方叫得能读书人。

【注释】

①语出陆陇其《三鱼堂文集》。

【原文大意】

读书和做人不是两件事。把所读的内容和自己紧密结合起来，就是做人的原则。如这样做，才可称为能读书人。

【要点提示】

　　读书，一学文化知识，二学做人方法。边读书，边用知识充实自己，边用做人的道理指导自己的人生，这才是得法、见效的读书法。把读书和做人分成两件事，是不懂、不会读书。把读书和做人放在一起，这才叫懂得、会读书。

不学自知，自古未有[①]

【原文】

　　不学自知，不问自晓，古今行事[②]，未之有也。

【注释】

　　①语出汉代王充《论衡·实知》。②行事：做事，办事。指"自知"、"自晓"的这类事。

【原文大意】

　　不学习就知道，不问就通晓，这种事自古以来就没有过。

【要点提示】

　　自古以来，人们都是学而知之，连圣人孔子都说他自己是学而知之的，从来没有不学而知的。人们的知识、技能，都是一点一滴学来的，练就的。青少年朋友要记住：我们的成功是靠坚持努力奋斗得来的。

生有涯，知无涯[①]

【原文】

　　吾生也有涯[②]，而知也无涯[③]。

【注释】

　　①语出《庄子·养生篇》。②生：生命。涯：边际。③知：知识。

【原文大意】

我的生命是有限的，可是知识是无限多的。

【要点提示】

在当今社会，人活到一百岁已是不易了。而今的知识，至少是一百的亿次方。所以，靠有限的生命去学知识，也只能学有限的一点点。既然如此，我们就该用有限的生命，全力地去学相关的知识，为能给人类社会做出一定的贡献打好人生基础。学无止境，万万不可浪费时间。

圣人之所以为圣①

【原文】

圣人之所以为圣也，只是好学下问②。

【注释】

①语出清代张伯行《朱子语类辑略》。②下问：即孔子说的"不耻下问"，不以向不如自己的人学习为耻。

【原文大意】

圣人被称为圣人的原因，就是他虚心好学，不以向不如他的人学习为耻。

【要点提示】

圣人，是被人们倾心称颂的人，为什么能这样呢？其中，圣人好学，有道德，有知识，有水平。圣人之所以如此德高望重，学有所成，因为他虚心求学，甚至虚心向社会地位、才能、学问不如他的人学习。圣人的表现，堪称人们学习的榜样。

玉不琢，不成器①

【原文】

玉不琢②，不成器③；人不学，不知义④。

【注释】

①语出宋代王应麟《三字经》。②琢：雕刻、琢磨。③器：器皿、工艺品。④义：义理，指做人的道理。

【原文大意】

玉石不经雕琢，成不了器皿、工艺品；人不经学习，就不会懂做人的道理。

【要点提示】

玉石虽好，不经加工，仍是一块含玉的石头，人原来的本质是好的，若不学，就不会知书达理，就不懂为人处世的原则和方法。学习，才能完善我们的道德，增加知识，增长才干，使我们走向光明，走向进步，才能使我们立足社会。

子不学，非所宜①

【原文】

子不学，非所宜②；幼不学，老何为③？

【注释】

①语出宋代王应麟《三字经》。②宜：应该。③老何为：长大了，可怎么办？

【原文大意】

小孩子不愿意学习，这是不应该的；小时候不好好学习，长大了怎么会有作为呢？

【要点提示】

孩童时代是给人生打基础的时候，基础之一就是学习。要知道学习的重要性，要养成爱学习的好习惯，要逐渐了解、掌握一些学习的好方法，这对一个人一生是很重要的。有诗句说："少壮不努力，老大徒伤悲。"岳飞说："莫等闲白了少年头，空悲切。"这就是："幼不学，老何为？"学习，从幼年抓起。

蚕吐丝，蜂酿蜜①

【原文】

　　蚕吐丝，蜂酿蜜；人不学，不如物。

【注释】

　　①语出宋代王应麟《三字经》。

【原文大意】

　　蚕可吐丝，供人做衣料；蜂可酿蜜，供人食用；人若不经学习，对社会做不出贡献，还不如小动物呢！

【要点提示】

　　蚕吃桑叶，终可吐出丝来供人们做衣服用；蜜蜂采集花粉，最后酿出香甜、营养丰富的蜂蜜。人也该如此，通过学习，掌握知识，掌握技能，将来好为社会做贡献。人如果不学习，不能为社会做出贡献，实属社会的累赘，真不如小蚕宝宝、小蜜蜂，白活了。

不学文，昧理真①

【原文】

　　但力行②，不学文③；任己见④，昧理真⑤。

【注释】

　　①语出清代李毓秀《弟子规》。②但：只。力行：指努力做事。③文：指读的书。④任：放任。己见：一己的见解。⑤昧：蒙蔽，不明白。理真：即真理。

【原文大意】

　　只埋头苦干，不学习文化知识，仅仅靠着自己的浅见，那是不会掌握真正的道理的。

【要点提示】

　　认真做事、努力工作是好的，但不能只凭自己的浅见去干。要学习，学习文化知识，学习技能技法，学习社会常识。这样，可以掌握知识，掌握道理，掌握方法。不然的话，就会陷于盲目，偏离正道。

鱼不能离开水，人离不开学①

【原文】

　　人之不可以不学②，犹鱼之不可以无水③。

【注释】

　　①语出宋代陆九渊《与黄循中》。②"人之"句：说人必须学习。③犹：如同。

【原文大意】

　　人必须学习，正如同鱼必须有水一样。

【要点提示】

　　正如鱼儿离不开水，瓜儿离不开秧一样，人是离不开学习的。人必须学习。通过学习，才能认识世界，了解社会，增长知识，掌握知识，懂得道理，辨识真假、善恶、美丑；通过学习，才能做个好人，走正道，做出对社会、对人类有意义的事。记住：学习是人生不可缺的第一要素。

学，须是如饥之须食①

【原文】

　　学，须是如饥之须食②，寒之须衣始得③。

【注释】

　　①语出宋代朱熹《上蔡先生语录》。②须：第一个"须"，是必须。第二个"须"，是需要。③须：需要。始：才。得：可以。

【原文大意】

学习，应该像饥饿时需要食品，寒冷时需要衣服一样才行。

【要点提示】

饥饿了，得补充食品；寒冷了，得添加衣服。否则，不是饿死，就是冻死。人对学习，就如同需要食物、衣物一样，不学，没知识、没技能，就不适应社会发展的需求，就难以在社会上生存。我们应该如同饿需食、冻需衣一样，通过学习，武装自己、提高自己，好立足于社会，为社会做出应有的贡献。

积财千万，不如薄技在身①

【原文】

谚曰："积财千万，不如薄技在身②。"技之易习而可贵者，无过读书也。

【注释】

①语出《颜氏家训·勉学》。②薄技：指赖以生存的本领、技术。

【原文大意】

谚语说："积累千千万万资产，不如掌握一门赖以生存的本领、技术。"其中，容易学又可贵的，非读书莫属。

【要点提示】

"积财千万，不如薄技在身。"言浅，意深。财，有用尽时，有被盗光、被火烧、被水淹的可能。一旦财没了，怎么生活？如若有生存的本领，可就有依靠了。其中，读书是最该重视的、最有益、最有效的。

少而不学，长无能也①

【原文】

少而不学，长无能也。

【注释】

①语出《孔子家语·三恕》。

【原文大意】

少年时候不好好学习，长大后也不会有什么社会需要的才能。

【要点提示】

一个人在少年时期，是他人生打基础的黄金时期。人在少年时，如果放松要求，放任自己，荒废了时光，一无所学，一无成绩，那长大后，什么也没学透，什么也没学到手，就会成为一个废人。少年朋友们，珍惜青少年大好时机，好好学习，打好人生基础吧！

少而好学，如日出之阳①

【原文】

少而好学，如日出之阳。

【注释】

①语出汉代刘向《说苑·建本》。

【原文大意】

年少而喜好学习，这种状态就像早晨初升的太阳。

【要点提示】

早晨初升的太阳，清新、温暖，充满了希望，充满了力量，前程似锦，是中国和世界的未来。人在少年时期喜好学习，是为人生筑建一个通途，一个牢固的地基。少年好学，前途无量。

懂了道理，少犯错误①

【原文】

读书能使人寡过②，不独明理③。此心日与道俱④，邪念自不得而乘之。

【注释】

①语出明代吕坤《呻吟语·问学》。②寡过：少犯错误。③独：单单，只是。④日与道俱：每时每刻都和道理在一起。

【原文大意】

读书能让人少犯错误，不单单是明白道理。你的每时每刻都有道理相伴，邪念自然就没有空隙可钻。

【要点提示】

读了书，就能明白是非、真假、善恶、美丑的道理。有了这些道理与你相伴，指导你的生活，当然就会少犯错误。

古今之学者①

【原文】

古之学者为己②，其终至于成物③；今之学者为物④，其终至于丧己⑤。

【注释】

①语出宋代周敦颐《近思录·为学大要》。②为己：为完善自己。③成物：指成有用之才。④为物：为物欲的满足。⑤丧己：丧失了自己的道德。

【原文大意】

古代学习的人是为了完善自己而学，所以成为有用的人。而今的学习者，为的是追求物欲，所以毁了自己。

【要点提示】

目的决定所作所为，目的决定成败结果。为完善道德而学，有了美德也有才能，所以社会需要，自己能做出贡献。而为满足物欲而学，丧失了道德，必遭社会遗弃。

多读书识进①

【原文】

人多读书则识进②，且能自见瑕疵③。

【注释】

①语出清代王晫《今世说》。②识进：增长知识。③瑕疵（xiá cī）：微小的缺点。

【原文大意】

人若多读书就能增长知识，并且能发现自己哪怕是很微小的缺点。

【要点提示】

"开卷有益。"学，则多见，多知，多识。心明眼亮，自己的不足之处，也就很容易感知，发现。每日增知，又改不足，就能日臻完善了。

人有知学，则有力矣①

【原文】

人有知学②，则有力矣③。

【注释】

①语出汉代王充《论衡·效力》。②知学：知识、学问。③力：力量。

【原文大意】

人如果有了知识、学问，就会有了力量。

【要点提示】

无知，什么都不会，那能干什么？谁会用你？有知识、有学问、有专长、有本领，人们就会另眼相看，就会择优录用；你也可充分发挥你的专长，做出你的贡献。记住一个真理：知识就是力量！

学贵得师①

【原文】

学贵得师，亦贵得友②。

【注释】

①语出明代唐甄《潜书·讲学》。②亦：也。

【原文大意】

学习时最可贵的是得到一个好的老师，也希望得到一些好的学友。

【要点提示】

遇到一个有高尚品德、有思想、有学问、有能力、有方法的老师，是学生们的万幸！他的每一句话，都像是精心筛选的良种，落进学生们求索的心田，在他爱的春风的吹拂下，在他情的细雨的滋润中长成壮苗，开出繁花，结出硕果，给人类带来生存的所需。这多美好！有良师培育，有学友相助，这是学生们所期待的。

古之学者必有师①

【原文】

古之学者必有师②。师者，所以传道，受业、解惑也③。

【注释】

①语出唐代韩愈《师说》。②学者：指求学的人。③传道：传授道理。受业：讲授学业。受，通"授"。解惑：解释疑难问题。

【原文大意】

古代求学的学生，都有自己的老师。老师是起什么作用的呢？他们是传授道理、讲授学业、解答疑难问题的人。

【要点提示】

　　人生离不开的一件大事，就是学习。学习，就离不开老师，尤其是青少年时期。因为老师可以给你讲人生的道理，可以给你讲方方面面的知识，可以解除你在学习过程中遇到的各式各样的问题。这些，都得靠老师的指导、讲授、答疑。老师是给我们人生打好基础不可缺的带路人。老师是我们人生的指南，是我们知识的来源，是我们前进的动力。

亲师友，习礼仪①

【原文】

　　为人子②，方少时；亲师友，习礼仪。

【注释】

　　①语出《三字经》。②人子：指儿女。

【原文大意】

　　作为儿女，正常少年时期，就应该拜师、访友，学习适用于社会生活的礼仪。

【要点提示】

　　人在少年时期，就应该做好以下几方面的事情：一、孝敬父母；二、拜师学艺；三、多访名家、挚友；四、学习社会生活需要的礼节、仪式。其中的"学艺"，含知识的学习，技艺的学练。其中的"访友"，也包含交青少年的学友。这都是人在青少年时期应打好的人生基础。

为学莫重于尊师①

【原文】

　　为学莫重于尊师②。

【注释】

　　①语出清代谭嗣同《浏阳算学馆增订章程》。②为学：指学习知识。

【原文大意】

要想学习知识，没有比尊敬老师更重要的了。

【要点提示】

知识，记载在书本中；知识，也掌控在老师的心中。学生在学习阶段，主要是向老师学习，学文化、学方法，学做人处事。即便是自学，也都是向老师学习之后，在老师的指导下才可进行。所以，重视老师，尊敬老师，认真向老师学习，是获取知识必不可少的。老师，在我们一生中是我们的大恩人，是保障我们学成的前提条件。所以，我们应该记恩不忘，永谢恩师。

教则易为善①

【原文】

教则易为善②，善而从正③，国之所以治也④。

【注释】

①语出宋代李觏《安民策》。②教：进行了教育。③从正：指走上正道。④治：得到很好的治理。

【原文大意】

进行了教育，人们很容易具有善心；有了善心，就走上了正道，国家就会得到好的治理。

【要点提示】

有了真善美的教育，人们就走上正道，国家就能治理好。反之，"不教则易为恶，恶而得位，民之所以殃也。"（接所引之句）否定了教育，人民就遭殃了。所以，切不可忽视教育，不可忽视老师的重要性。

疾学在于尊师①

【原文】

疾学在于尊师②。

【注释】

①语出《吕氏春秋·劝学》。②疾学：指尽快学到知识。

【原文大意】

要想尽快学到知识，就必须从尊师做起。

【要点提示】

我们想求得知识，主要来源有两个：一是向书本学习，二是向老师学习。要想尽快学到知识，就得向老师学习。老师们掌握了大量我们需要的知识，他们还掌握传授知识的方法，所以我们可以尽快、尽可能多地从老师那里学到知识。要感谢老师，感恩他们的教诲；同时，我们必须以谦恭的态度踏踏实实地向老师学习。

三人行，必有我师焉[①]

【原文】

子曰："三人行[②]，必有我师焉[③]。择其善者而从之，其不善者而改之。"

【注释】

①语出《论语·述而》。②三人：虚指，指多人。③焉：于、之，在此，指在这"三人"之中。

【原文大意】

孔子说："当几个人在一起同行时，一定有可以做我老师的人在其中。我选择好的地方向他们学习；对于不善的，我会引以为戒的。"

【要点提示】

每个人都有优缺点，都有我们可学的地方。我们要像孔子一样，拜众人为师，学习他们的长处；把他们的缺点、错误当作我们的镜子，常对照对照，引以为戒。孔子这种"见贤思齐"的学习态度和方法，我们应该效仿。

尺 有 所 短①

【原文】

尺有所短②，寸有所长③。

【注释】

①语出战国时期屈原《卜居》。②短：指不足，缺点。③长：长处，优点。

【原文大意】

尺，长，也有不足之处；寸，短，也有它的长处。

【要点提示】

事物没有绝对的，都是相对的。尺对寸而言，一量就是一尺，那就是量十个一寸的长度。从这点说，尺有所长。但用尺去量短的，就不如寸了，这就是寸有所长。人的优缺点也同样，不要光看到别人的缺点，人家也有优点值得学习。也不要光看到自己的优点，自己还有缺点要克服、要改呢。

假人之长，补己之短①

【原文】

善学者，假人之长以补其短②。

【注释】

①语出《吕氏春秋·用众》。②假：借，借用。

【原文大意】

善于学习的人，会借用别人的长处来补充自己的不足。

【要点提示】

能发现别人的长处，是自己的优点；能借用别人的长处来补充自己的不足，是自己的聪明做法，也是自己的美德。取长补短，变短为长，是使自己进步，使自己完善的好方法。所以我们一定要虚心向别人学习，借用别人的优点、长处，使自己强大起来。

举世不师，故道益离①

【原文】

举世不师②，故道益离③。

【注释】

①语出唐代柳宗元《师友箴》。②举世不师：指若整个社会不重视向老师学习。③故道益离：即"故益离道"。指社会上的人们离正道会越来越远。

【原文大意】

如若全社会不重视老师，那么就离正道越来越远。

【要点提示】

古训说：师者，传道、授业、解惑也。知识、真理、正道的传承，主要靠老师们。谁不重视老师，谁就少知，谁就不识真理、正道。如若发生整个社会不重视老师，那么真理就会被扭曲，正道就会被践踏，社会将陷入黑暗时期，这是极可怕的。我们切不可忽视尊师重道。

贱师轻傅国必衰①

【原文】

国将兴，必贵师而重傅；国将衰，必贱师而轻傅②。

【注释】

①语出《荀子·天畴》。②贱师、轻傅：不重视老师。

【原文大意】

　　国家想要兴旺，一定要特别尊重老师；国家将要衰亡，一定是非常轻贱老师。

【要点提示】

　　国家的兴旺，需要大量的人才去投入国家的发展事业；大量的人才的出现，需要十分重视教育的发展；教育事业的发展，靠无数教师的倾心投入。老师培养了人才，人才建设了国家，国家才能兴旺；反之，不重教，不尊师，没有人才，国家必然衰亡。

人冀子孙贤①

【原文】

　　人冀子孙贤②，而不敬其师，犹欲养身而反损其衣食也。

【注释】

　　①语出宋代王晫《今世说》。②冀：希望。

【原文大意】

　　人们希望自己的子孙贤良，却不敬重老师，这就如同想养身却减损必要的衣食一样。

【要点提示】

　　这个比喻很好。养身，必须先保证有衣穿、有饭吃；衣单不能加，衣破不能换，饭食不足量，也不重视营养搭配，怎么养好身？想让子孙贤良，不敬老师，不重师教，怎么成人，怎么成才？老师的作用不可忽视，尊敬老师我们必须做到。

惑 而 从 师①

【原文】

　　人非生而知之者②，孰能无惑③？惑而不从师，其为惑也，终不解矣。

【注释】

①语出唐代韩愈《师说》。②生而知之：一生下来就什么都知道。③孰：谁。④惑：指疑难问题。

【原文大意】

人不是一生下来就已经懂得道理、就有知识。谁能不存在无知、有疑难问题？有了问题，不向老师请教，还是问题，始终找不到答案。

【要点提示】

人非生而知之者，初生时人世的一切一切都是空白。由不知到知，必须学习。向谁学？向老师学。人生的第一位老师是自己的父母，他们教我们最起码、最基本的知识。但父母只能教一部分、一个阶段的知识。到了学龄，还得上学，向专职的老师学。这时候，你可以把已有的疑惑的问题向老师求教；这以后，你可以把随时遇到的问题向老师求教，以此弄个明白，增长知识，取得进步。人生有无数疑难问题，如果不向老师求教，存疑会越来越多；疑多而不求解，你会成为一个糊涂人。

德学、才艺当自励①

【原文】

惟德学②，惟才艺③，不如人，当自励④。

【注释】

①语出清代李毓秀《弟子规》。②惟：只有。德：品德。学：学问。③才：才能。艺：指本领。④励：勉励。

【原文大意】

只要在品德上、学问上、才能上、本领上不如别人，就应该自我勉励，迎头赶上。

【要点提示】

做人，修养品德是第一位的；一个人没有知识、没有才能、没有本领，是难以立足社会的。在以上几方面不如别人的话，要修炼，要学习，要掌握，要赶上。一个人总得为社会、为人类做些贡献。这就需要有好的品德，有真才实学，这是前提，确实"当自励"。

言有教，动有法^①

【原文】

言有教^②，动有法，昼有为，宵有得^③，息有养，瞬有存^④。

【注释】

①语出清代张锱《浅近录》。②教：教养。③宵：指晚上。④存：指自省。

【原文大意】

说话要有教养，行为要有规范，白天要有作为，晚上要有收获，休息要会调养，任何时候都要注意自省。

【要点提示】

人的言行举止是不能随随便便的，是要以社会共认的、传统文化共用的标准规范的。那就是：说话有教养，行动有礼貌，白天有贡献，晚上有收获，一言一行、一举一动都有要求，都要有意义，都该体现正能量。

一寸光阴一寸金^①

【原文】

一寸光阴一寸金。

【注释】

①语出唐代王贞白《白鹿洞》。

【原文大意】

一寸光阴就像一寸金那么珍贵。

【要点提示】

　　金子在诸多金属中，价格是极高的，一寸长的金子，价格很高。在这里，作者把阳光照射在地面上移动一寸地的时光比作一寸金，充分说明时光的可贵。人的生命是由时间构成的，时间太珍贵，用"一寸"，就有"一寸"的成果、收获、价值；浪费"一寸"光阴，生命也就荒废了"一寸"！

贱尺璧，重寸阴①

【原文】

　　圣人不贵尺之璧②，而重寸之阴③。

【注释】

　　①语出《淮南子·原道训》。②尺之璧：一尺长的玉璧。璧：古代一种珍贵的玉器，扁平，圆形，中有圆形小孔。③寸之阴：形容很短的时光。

【原文大意】

　　古代的圣人不以一尺的玉璧为贵，却非常惜时，重视很短的时间。

【要点提示】

　　玉璧，是珍贵的；尺璧，尤为珍贵。但古代的圣人并不重视尺璧，相比之下，圣人更重视短暂的时间。圣人深知时间的价值，时间就是生命。时间迎来胜利、成功。我们要能充分利用任何可用的时间去做有益的事，积少成多，终必有贡献。

一年之计在于春①

【原文】

　　一年之计在于春，一日之计在于寅②，一家之计在于和，一生之计在于勤。

【注释】

　　①语出《增广贤文》。②寅：寅时，指清晨三至五点钟。

【原文大意】

　　一年之中应抓紧做计划的时间在春天，一天应抓住开始奋斗的时间在清晨，一家人在一起关键应注意的是和睦，一个人一生都应勤奋。

【要点提示】

　　一个有志气的人，应该有远大的奋斗目标，有了目标，就有了动力，那就要付诸行动了。那就要：年初订一年之计，每日从清晨起就要奋斗，创造一个和睦的家庭环境，使自己不分心，全力奋斗，奋斗一生！如若如此，大志才能实现。

人生只百年，此日最易过^①

【原文】

　　天地有万古^②，此身不再得。人生只百年，此日最易过^③。

【注释】

　　①语出《菜根谭·概论》。②天地：指宇宙。③过：混过。

【原文大意】

　　宇宙有万年、亿年，你的生命只有一次。生命也不过百年，这一天一天的日子最容易混过。

【要点提示】

　　万古，说明时间是最长，它有无穷的过去，也有无穷的未来。而属于我们的时间，也不过百年。百年的时间仅有三万六千多天，若迅速翻页，日子很快一页页翻过。如果混日子，那将一无所得；如果每天都有收获，那你的人生才有价值。抓住每一天，它不再回来！

人生短暂，珍惜时光①

【原文】

子在川上曰②："逝者如斯夫③，不舍昼夜④。"

【注释】

①语出《论语·子罕》。②川：河流。这里的"川上"指河岸边。③逝者：这里指消逝了的时间。④舍：停止。

【原文大意】

孔子站在河的岸边说："消逝的时光就像这河里的流水一样，一去不复返；河水日夜不停地流去。"

【要点提示】

生命是附着在时间上的，它与时间相伴，所以说"时间就是生命"。孔子以流水喻时间，指出时间如流水日夜不停地流；已过去的时间不会返回。所以我们在有限的生命中，一定要珍惜时间，充分利用时间，让人生过得有意义。

岁月不可复①

【原文】

岁月已往者不可复，未来者不可期②，见在者不可失③。

【注释】

①语出宋代林逋《省心录》。②期：期待。③见在：见，同"现"。现在。

【原文大意】

已经消逝了的时光，不可能再回来；未来的时光，不可期待；而现在的时光，必须抓住不放，不可浪费。

【要点提示】

人的生命是和时间的长河紧密联系在一起的。回头看，是消逝的过去，它再也回不来了。向前看，是未来，可以有希望，但那是没有把握的。只有现在，你可以控制，你可以支配。过去，后悔也没用；未来，难以预测；只有现在，只有今天，充分利用它是会有成效的。

岁月不待人①

【原文】

盛年不重来②，一日难再晨。及时当勉励③，岁月不待人。

【注释】

①语出晋代陶渊明《杂诗十二首》。②盛年：指青少年大好时光。③勉励：劝人努力。

【原文大意】

人的青少年黄金时期，一去不复返了；一天的早晨过去了，也不会回来。人要及时努力，光阴飞逝是不会等人的。

【要点提示】

人的青少年时期，是光灿灿的，是美好的，是日有所进的，是前途光明的。但它也仅有一次，过去了就永远消逝了。青少年一定要趁大好时光努力进取，千万不要荒废时光，要珍惜每一天，学做人、学知识、学技能，为日后报效国家打好基础。

时 无 再 来①

【原文】

人无再少②，时无再来。

【注释】

①语出明代吴与弼《尚书轩记》。②少（shào）：少年。

【原文大意】

人老了就再也回不到青少年的那个时代了；时机错过，不会再来。

【要点提示】

孔子说：消逝了的时光就像这流走的河水一样，一去再也不会回来了！人的一生只有一次青少年时期，如果不好好珍惜，不充分利用，没把人生基础打好，那是再可惜不过的了！时不再来，珍惜你宝贵的青少年时期吧！

乘少年好时光①

【原文】

人生小幼，精神专利②；长成已后③，思虑散逸④；固须早教，勿失机也。

【注释】

①语出《颜氏家训·勉学》。②专利：专心学习，有利于收取知识。③已：通"以"。④散逸：指精力不专注、不集中。

【原文大意】

人在幼小时期，精力专注，学习易收效；长大以后，精力分散。因此应及早进行教育，千万别失去大好时机。

【要点提示】

年纪小的孩童，精力容易专注，记忆力强，如果抓住这个大好时机，会有很大收效的。古人说：少而好学，如日出之阳。因此，要趁青少年时期多学、多记，为自己的人生打好基础。

人无两度再少年①

【原文】

枯木逢春犹再发②，人无两度再少年③。

【注释】

　　①语出《增广贤文》。②犹：如同。③两度：指再一次。

【原文大意】

　　干枯的树木，到了春天会再一次萌发生机；人却没有第二次少年了。

【要点提示】

　　这两句诗用对比的手法讲了这样两个事实：树看似已干枯，但逢春仍可枝叶茂盛，生命力强，可二度、几度、几百度再现生机，再现繁荣。但是，人却不同，人生仅一次，少年也仅有一次！这段话告诉我们要珍惜生命，珍惜时间，尤其是珍惜青少年时期。少壮不努力，老大徒伤悲。记住：人无两度再少年！

良时不可失①

【原文】

　　吾已鬓眉白，汝方衿佩青②。良时不可失，苦语直须听。

【注释】

　　①语出宋代陆游《剑南诗稿》。②衿佩：指读书的年轻人。

【原文大意】

　　我已年老，你正处在年轻读书的好年华。希望你珍惜学习的大好时光，能听取我苦口婆心的劝告。

【要点提示】

　　这是一个老者对年轻人的关爱，是一个爱国老诗人对晚辈的忠告。人都有美好的青少年时期，这是努力学习、增长才干的大好时机。抓住了"良时"，就打好了人生基础；错失了"良时"，会成千古恨。年轻人，听听老人的"苦语"相劝吧！

莫等闲，白了少年头[①]

【原文】

莫等闲[②]，白了少年头[③]，空悲切[④]。

【注释】

①语出宋代岳飞《满江红》。②等闲：指虚度年华。③白了少年头：指由少年一直到白头老翁。④悲切：十分悲痛。

【原文大意】

不要虚度年华，白白地从少年虚度到了老年，再悲痛也没用了。

【要点提示】

时间就是生命，浪费时间就是浪费生命。一个人当他知道时间的价值，也会深深地知道失去时间的痛苦。人的一生，学习的时间是有限的，所以不能虚度，要充分利用时间，做有益的事。如果一辈子都充分有效地利用时间，他就一定会生活得很充实、很有价值。

少不勤苦，老必艰辛[①]

【原文】

少不勤苦[②]，老必艰辛[③]。

【注释】

①语出宋代林逋《省心录》。②勤苦：勤劳刻苦。③艰辛：艰难困苦。

【原文大意】

如果在青少年时不勤劳刻苦，到了老年就会处在艰难困苦中。

【要点提示】

　　青少年时期是人生的黄金时期，最为珍贵，是一时一刻不可浪费的。因为青少年时期是为人生打基础的时期。基础打好了，人生的路就是辉煌的；否则，人生的路是坎坷艰难的。譬如盖楼，先要打好基础；基础牢固，楼才安稳。楼要建得高，基础必须打得深。所以，青少年时必须选正人生道路，勤劳刻苦学习，打好人生的基础。

少壮不努力，老大徒伤悲[①]

【原文】

　　少壮不努力，老大徒伤悲[②]。

【注释】

　　①语出《乐府诗集·长歌行》。②徒：白白地。

【原文大意】

　　如果青少年时期不努力，到年纪大了，后悔、伤悲也没用了。

【要点提示】

　　勤勉是幸运之母。青少年时期的努力奋斗，终生受益。这就是"少年辛苦终身事"。如果不努力，就白白浪费了青少年时期的大好时光，一无所获，一无所成，到了后来后悔、悲伤也毫无用处。人生难得的是青少年时期，充分有效地利用时间吧！记住："莫等闲，白了少年头，空悲切。"（岳飞语）

黑发不知勤学早[①]

【原文】

　　黑发不知勤学早[②]，白首方悔读书迟[③]。

【注释】

　　①语出唐代颜真卿《劝学》。②黑发：指青少年时。③白首：白头，指老年时。

【原文大意】

　　青少年时不知道趁早勤奋学习，到了老年再后悔也迟了。

【要点提示】

　　青少年时期在人的一生中只有一次，青少年时期是生命之晨，如不珍惜这大好时光，如不用这美好年华勤奋学习，到了老年就会后悔的。青春时期种下什么，老年时期就会收获什么。所以，想在未来成就大事业，就要在青春时期着手去做。莫闲白了少年头，到时就会空悲切。

少年易学老难成①

【原文】

　　少年易学老难成，一寸光阴不可轻。

【注释】

　　①语出宋代朱熹《偶成》。

【原文大意】

　　少年时期容易学有所成，到了老年就不易学成了。所以一寸光阴都不能忽视。

【要点提示】

　　少年时期没有过多的负担，只要立志学、专心学，就很易学有所得。少年学的东西也易记住，所记的像刻在石板上的字一样，不易忘记。少年学习是给人生打基础的，基础打得牢，长大了才会有作为。所以要在少年的黄金季节，珍惜时间，抓紧时间投入到学习中去。

抓紧时间，有空就学①

【原文】

　　有一时之暇②，即一时可学也；有一日之暇，即一日可学也。

【注释】

①语出明代薛暄《论取友为学答周秉忠书》。②暇：指空闲时间。

【原文大意】

有一个小时的空闲时间，就用这一小时学习；有一整天的空闲时间，就用这一天时间学习。

【要点提示】

自古以来，一切有成就的人，都是很严肃地对待自己的生命，都是很认真地对待时间的使用。因为"时间就是生命"。所以，有空闲，别浪费，抓紧时间做人生最有意义的一件事——学习。千万别让时间白白地浪费掉。

朝起早，夜眠迟①

【原文】

朝起早②，夜眠迟；老易至，惜此时③。

【注释】

①语出清代李毓秀《弟子规》。②朝：早晨。③时：时光。

【原文大意】

早晨早点起，晚上晚点睡。人很容易由青少年变老的，应该好好珍惜现在的每一天。

【要点提示】

时光飞逝。往前看，离自己变老还远着呢。现在才几岁、十几岁！过一段，往后看，你会吃惊：怎么一晃就老了呢？这叫时光飞逝！因为时不待我，只有我们珍惜时光，抓住它，充分利用它，才能多学、多练、多掌握知识、多学方法，多锤炼自己，才能多做贡献。早起点，晚睡点，要特别珍惜现在的每一天。

今日不为真可惜①

【原文】

　　人生百年几今日？今日不为真可惜②。

【注释】

　　①语出明代文嘉《今日歌》。②为：作为。

【原文大意】

　　人生一百年之中，有几个"今日"呢？不抓紧今日有所作为，真是太可惜了。

【要点提示】

　　人的生命是有限的，即或是活一百岁，也不过三万六千多天，若除去婴幼儿时期、老年不能自理时间，也只有二万五千多天。也就是有效利用的时间，不过仅有二万五千多个今天。所以，要重视这每一个今天，让每一个今天都有收获，有进步、有作为、有贡献。浪费任何一个今天，都太可惜了。

勤有功，戏无益①

【原文】

　　勤有功，戏无益②。戒之哉，宜勉力③。

【注释】

　　①语出宋代王应麟《三字经》。②戏：游戏，指贪玩儿。③勉：劝勉，劝告。

【原文大意】

　　勤奋努力才能成功，贪玩儿浪费时间没好处。记住这些告诫，从小努力上进！

【要点提示】

　　人的一生，最浪费不起的就是时间；而青少年时期，是人生打基础的关键时期。因此，我们必须记住：勤奋者珍惜时间，懒惰者浪费时间。珍惜时间者，成功；浪费时间者，无益。

明日复明日，明日何其多^①

【原文】

　　明日复明日，明日何其多^②？日日待明日，万事成蹉跎^③。

【注释】

　　①语出明代文嘉《明日歌》。②何其：多么。③蹉跎：指光阴白白地过去了。

【原文大意】

　　一个明天又一个明天，明天多么多！天天等着明天（才去干），万事因白白浪费了时间而一无所获。

【要点提示】

　　明天，明天，明天，天天拖着明天再学、明天再干，那得拖到什么时候？让每天都悄然溜过去，那什么事也干不成！今天该做的事，今天做。今天是你的，你得抓住它。今天的价值，胜过两个明天！行动吧！不要等明天。

少壮工夫老始成^①

【原文】

　　古人学问无遗力^②，少壮工夫老始成。

【注释】

　　①语出宋代陆游《冬夜读书示子聿》。②无遗力：指不怕下苦功夫。

【原文大意】

　　古代人做学问是不遗余力的，往往是年轻时就开始努力，到了岁数大了才取得成功。

【要点提示】

　　做学问，要从小下功夫，要不遗余力地下苦功夫，还要坚持下去。这样，到了老年，才能有成就。因此我们强调，学习要执着，要坚持不懈。

学习要锲而不舍①

【原文】

　　锲而舍之②，朽木不折；锲而不舍，金石可镂③。

【注释】

　　①语出《荀子·劝学》。②锲（qiè）：雕刻。舍：停下来。③镂（lòu）：刻断。

【原文大意】

　　雕刻艺术品，半途停下来，就算是糟朽的木头也刻不断；雕刻假如不停，就是金属的、石头的东西，也能刻断。

【要点提示】

　　有了人生的奋斗目标，就要为实现目标努力学习，艰苦奋斗。那就要孜孜不倦、不屈不挠地坚持下去。坚持才能成功，勤奋才能赢得胜利。记住：任何成就都是刻苦努力的结果。

学习在于积累①

【原文】

　　不积跬步②，无以至千里；不积小流，无以成江海。

【注释】

①语出《荀子·劝学》。②跬（kuǐ）步：古代的一步相当于今人的两步；今人的一步，古人称其为"跬步"。

【原文大意】

不一步一步地积累，是没办法走到千里之外的；不汇集一个一个小的溪流，就成不了大江大海。

【要点提示】

一个人的才能、本领是艰苦锻炼得来的，这就像千里之行，是一步一步走来的；像大江大海的水，是千条万条小溪积成的。今天的少年，想强大、想成才，就必须下苦功夫，好好学习。记住：天道酬勤，勤学苦练才能成功。

发 愤 忘 食①

【原文】

子曰："女奚不曰②：其为人也，发愤忘食，乐以忘忧，不知老之将至云尔③。"

【注释】

①语出《论语·述而》。②女：你。奚：为什么。③云尔：罢了。

【原文大意】

孔子说："你为什么不说：他那个人啊，发愤读书学习，连吃饭都会忘掉；学习时高兴得忘了忧愁；甚至连自己到了老年都不知道。如此而已。"

【要点提示】

孔子一生倡导学习，普及教育，投身于提高全民族素质的事业。孔子自己一生都热爱学习、投入学习，并且学有所成，为中华文化的传承和发展做出了巨大贡献。孔子对学习，能做到'发愤忘食"，"乐以忘忧"，"不知老之将至"，这是何等的热爱学习、投入学习、善于学习的表现！孔子是中华民族世世代代都该好好学习的榜样。"发愤忘食"、"乐以忘忧"这两个成语出自以上语段。

业 精 于 勤①

【原文】

业精于勤②，荒于嬉③；行成于思，毁于随④。

【注释】

①语出唐代韩愈《进学解》。②精：指学问精深。③嬉（xī）：游戏。④随：随心所欲。。

【原文大意】

学业要精深，靠的是勤苦；学业的荒废，因为随心所欲。做事做好了，靠的是深思熟虑；把事情办坏了，是因为放纵自己。

【要点提示】

无论是学习、工作、处事，都要严肃认真地去对待。学习要刻苦，处事要三思。如若放纵，学习荒废，处事失败。多下苦功，多动脑，这是成功的保证。

贤 哉，回 也①！

【原文】

子曰："贤哉，回也②！一箪食③，一瓢饮④，在陋巷⑤，人不堪其忧⑥，回也不改其乐。贤哉，回也！"

【注释】

①语出《论语·雍也》。②回：颜回，孔子最得意的学生。③箪（dān）：竹制的小而圆的食篮。④瓢：用葫芦做的盛水用具。⑤陋巷：简陋的住处。⑥堪：忍受。

【原文大意】

孔子说："颜回的品质是多么高尚啊！一个小竹篮的食品，一瓢饮水，住在简陋的巷子里，别人都难以忍受这种艰苦的生活，颜回仍然保持快乐的学习态度。太好了，颜回！"

【要点提示】

颜回是孔子最赞赏、最得意的学生。这是因为颜回以学为乐，虽身陷艰难困苦的境地，他从不计较艰苦的条件，仍然乐观地、持续地、刻苦地学习。这里包含的是贫贱不能移的精神，也就是人要为了理想，不断追求，即使生活贫困也要自强不息、自得其乐。

学之，则难者亦易矣①

【原文】

人之为学有难易乎？学之，则难者亦易矣；不学，则易者亦难矣。

【注释】

①语出清代彭端淑《为学一首示子侄》。

【原文大意】

学习知识有难易之分吗？下功夫学，难的也会变成易的；不努力学，易的也就难了。

【要点提示】

民间对困难有这样的评述：困难像弹簧，看你强不强；你强它就弱，你弱它就强。学习就是这样。你努力学，刻苦学，坚持学，没有学不会的知识，没有不能攻克的学习堡垒。然而你不认真学，不下苦功夫学，那些容易学的知识也难以学懂、难以掌握。

泰山不却微尘①

【原文】

泰山不却微尘②，积小垒成高大。

【注释】

①语出《名贤集》。②却：拒绝。

【原文大意】

泰山不拒绝微小的尘土，所以逐渐积累而变得高大。

【要点提示】

千里之行，始于足下；百丈高台，起于垒土；浩浩海洋，汇于细波。凡事都是积小为大，积少成多。以上都是比喻，这个喻例用在我们学习上是再合适不过了。学习要日有所学，日有收获，日有所进。学的知识、技能由少变多，量的积累会引起质的飞跃，我们一定能学有所成，能成为对社会有用之人。

积勤宜少时①

【原文】

著述须待老②，积勤宜少时③。

【注释】

①语出宋代欧阳修《获麟赠姚辟先辈》。②著述：指著书立说。③积勤：积累知识，勤奋学习。少（shào）：少年。

【原文大意】

著书立说是老年时的作为，这得靠少年时勤奋学习、积累知识。

【要点提示】

能著书立说，是一个人对社会做出的贡献。写书，向社会传播知识，提升人们的文化水平，丰富人们的生活，是功德无量的事。能写书的大多是中老年人，这是因为他们的思想认识、知识积累、写作水平得到了锤炼。而这些成就全都得靠青少年时刻苦努力地学习，打下坚实的基础。没有青少年时期的勤奋努力，著书立说很难。

学习，恐始勤终随①

【原文】

学无早晚，但恐始勤终随②。

【注释】

①语出宋代张孝祥《勉过子读书》。②随：随便。这里指随大流，放任自己。

【原文大意】

学习，开始时的早晚不要紧，只怕开始勤奋，后来放松了学习。

【要点提示】

学习的开始，有早有晚。早好，晚学也是好的。常理说，"贵在坚持"。要想成事，必须有始有终，成功在于坚持。坚持学，日日进，不停、不退，必能学成。如果有始无终，半途而废，是不会有好效果的。

学 问 之 道①

【原文】

学问之道②，宜无间断③，其勿辍④。

【注释】

①语出《清史稿·圣祖本纪》。②道：原则。③间断：中间隔断，不连接。④辍：停止。

【原文大意】

做学问的原则，应该坚持下去、不间断，不要中途停下。

【要点提示】

凡事，坚持才能胜利。有了目标，要有达到目标的措施；有了措施，要坚决依计划去做，并坚持到底，才能成功。如若半途而废，永无成功之日。以上引话，是清圣祖康皇帝总结的；因为有理，值得我们借鉴。

忌一曝十寒^①

【原文】

虽有天下易生之物也^②，一日暴之^③，十日寒之^④，未有能生者也。

【注释】

①语出《孟子·告子上》。②易生之物：很容易生存的东西。③暴之：使之暴，让它被晒。暴：同曝，晒。④寒之：使之寒，让它受冻。

【原文大意】

即使天下有很容易生存的东西，你晒它一天，又冻它十天，它也活不成。

【要点提示】

成语"一曝十寒"源于此。说的是无论做什么事，干一点，又大歇一阵子；学一点，又长时间放弃，那是不会有好结果的。干事、学习，贵在坚持。只要坚持不懈，事能干好，学习也会有成效的。

知知为知之，不知为不知^①

【原文】

子曰："知之为知之，不知为不知，是知也^②。"

【注释】

①语出《论语·为政》。②是：这。知：一解，与前几个知一样，当知道讲；二解，通"智"，聪明。

【原文大意】

　　孔子说:"知道就是知道,不知道就是不知道,这才是真正的知道。"

【要点提示】

　　这里讲的是要有一个实事求是的学习态度,知与不知都要真实。知,再深入学;不知,再学,求会就是了。这才是真知。若把"是知也"的"知"解为"智",这句话的意思就是:知道就是知道,不知道就是不知道,这样求学才是聪明的态度。

以知为不知[①]

【原文】

　　知不知[②],上[③];不知知[④],病[⑤]。

【注释】

　　①语出《老子·七十一章》。②知不知:知道,却像不知道。③上:最好。④不知知:不知道,却装作知道。⑤病:非常糟。

【原文大意】

　　知道,却像不知道,最好;不知道,却装知道,很糟。

【要点提示】

　　古人特别赞扬"大智若愚",是因为有知识、有能力、有高智商却表现出十分谦和,一点也不炫耀自己,这种做法很聪明。而无知却装有知,甚至装高知,这种做法很愚蠢!因为伪装早晚露馅儿,早晚被人们耻笑。对知识,还是实事求是为好。

读有用的书[①]

【原文】

　　士既多读书[②],必求读书而有用。

【注释】

①语出《围炉夜话》。②士：指读书人。

【原文大意】

读书人知道要读很多的书，而且一定要读有用的书。

【要点提示】

什么是有用的书？一是有关人生必知的基础知识的书；二是使自己立志成才的书；三是能使自己"博大精深"的书。博，能使自己知识面宽，必知、应知的知识自己要掌握；深，就是认真读自己喜欢、与自己工作相关的书。为什么只读有用的书？一是读了坏书会毁了自己；二是生命有限，把生命（时间）用到"有用"的事情上（包括读书）。

要日知其所亡①

【原文】

子夏曰："日知其所亡②，月无忘其所能③，可谓好学也已矣。"

【注释】

①语出《论语·子张》。②日知其所亡：每天都要学习一些新的知识。亡，通"无"。③月无忘其所能：每个月要复习一些已掌握的知识、技能。

【原文大意】

子夏说："我们每天都要学习一些新的知识，每个月都要复习一些已掌握的知识、技能。"

【要点提示】

每天都要学些新知识、新技能，日有所进，日积月累，你会有惊人的进步。经常复习，既能巩固已学的知识，又可"温故知新"。经常练习已掌握的技能，可以"熟能生巧"。如此，何乐而不为呢？

读书破万卷①

【原文】

读书破万卷②，下笔如有神③。

【注释】

①语出唐代杜甫《奉赠韦左丞丈二十二韵》。②破：读懂。③有神：指好似有神仙相助。

【原文大意】

读万卷书读懂了，下笔写文章就像有神仙相助一样。

【要点提示】

把"万卷"书读懂读透，对如何表达思想，如何陈述事件，如何描述情景，如何布局谋篇，如何遣词造句，都会有深刻的认识，具体掌握。在这个基础上，想写什么当然会有如神助，会非常顺利地把文章写好。所以要读书，认真读书，要把书读懂读透。这样，你的收获会很多、很大的。

七岁所学，至今不忘①

【原文】

吾七岁时诵《灵光殿赋》②，至于今日，十年一理，犹不遗忘。二十之外，所诵经书，一月废置③，便至荒芜矣。

【注释】

①语出《颜氏家训·勉学》。②《灵光殿赋》：东汉文学家王逸之子王延寿所作。③废置：指被遗忘。

【原文大意】

我七岁时诵读的《灵光殿赋》，至今，十年一温习，仍没忘。二十岁后，所读的经书，只要一个月没温习，就忘了。

【要点提示】

年幼所学，一生难忘。成年之后所学，必须经常温习，否则，时间一长，便记不住了。年幼背记的东西。犹如刻在石板上永不忘记：成年所学，如同在地面写的字，干了就忘了。

书不可不成诵①

【原文】

司马温公尝言②："书不可以不成诵③，或在马上，或中夜不寝时，咏其文，思其意，所得多矣。"

【注释】

①语出清代张镒《浅近录·读书总》。②司马温公：宋代著名史学家司马光。③诵：背诵，熟读成诵。

【原文大意】

司马光说："读书一定要熟读成诵，有的边骑马边背，有的夜不能寐时背。朗读文章，想其含义，这种边读、边背、边理解的读书法，收获多。"

【要点提示】

读书提倡熟读，好文章读它三遍五遍、十遍八遍，以至三五十遍、百八十遍，读到烂熟于心，十分理解，非常欣赏为是。这样，好文章才能变成你随意使用的材料。

兴趣是最好的老师①

【原文】

子曰："知之者不如好之者②，好之者不如乐之者③。"

【注释】

①语出《论语·雍也》。②好（hào）之：以之为好，把它当作喜好的。好，喜欢。③乐之：以之为乐，把它当作快乐的事。

【原文大意】

　　孔子说："知道它不如喜好它，喜好它不如以它为乐。"

【要点提示】

　　学习的东西只是因为"必须"知道，学起来就有一定难度。学的东西自己感兴趣，学起来就带劲儿。学的东西能给自己带来快乐，那就有更佳的效果。所以说，兴趣是最好的老师。但现实中，并不是所学的都是有兴趣的，该学的还需下功夫学。

学习要专心致志①

【原文】

　　弈之为数②，小数也。不专心致志，则不得也。

【注释】

　　①语出《孟子·告子上》。②弈：围棋。数：技艺。

【原文大意】

　　围棋的下法，是一种小的技艺。（虽是小技艺）不专心去学，仍然学不会。

【要点提示】

　　"专心致志"成语源于此。讲的是无论学什么都要认真地学，专心地学。在学习的过程中，要一门心思地只想所学的内容，去认知，去体会，去钻研，去掌握。只有专心学才能扎扎实实地把知识学到手。如若一边学，一边想别的，不集中精神，是学不到真知的。

读书法，有三到①

【原文】

　　读书法，有三到②；心眼口，信皆要③。

【注释】

①语出清代李毓秀《弟子规》。②到：指要点。③信：的确，确实。

【原文大意】

读书的方法，有三个要点：心到、眼到、口到。这三点确实都必须做到。

【要点提示】

读书要见效果，学必有收获。要想见效，读书要讲究方法。方法之一，是明确学习目的，下决心学习有关知识；这是"心到"。方法之二，是专心，不分神，要盯住所学；这是"眼到"。方法之三，取得高效，光靠眼看还不行，光看，有时一扫而过，有时易"走神"；于是还要"口到"。读出来，通过"看"、"读"、"听"，全力学习，效果极佳。

默而识之，学而不厌①

【原文】

子曰："默而识之②，学而不厌③，诲人不倦④。"

【注释】

①语出《论语·述而》。②识（zhì）：记住。③厌：满足。④诲：教导。

【原文大意】

要默默地记住所学的东西，学多少知识也不满足，帮助别人学习从不倦怠。

【要点提示】

这里孔子讲了关于学习的三个重要原则。其一，学习知识要记牢，把知识学到手；其二，学习永不满足，永不停止；其三，帮助别人学习要尽心尽力，一直到别人学懂、学会。这三点做到了，不仅掌握了知识，也提升了自己的美德。"默而识之"、"学而不厌"成语源于这段文字。

读书需细阅①

【原文】

惟每看一种，须自首至末，详细阅完，然后再易他种②。最忌东拉西扯，阅过即忘，无补实用③。

【注释】

①语出清代林则徐《林则徐家书》。②易：换。③补：补进，指收获。

【原文大意】

每看一种书，应当从头看到尾，仔细阅读，然后再换其他书。读书最怕这读一点，那看一点，看完就忘了，一点收获也没有。

【要点提示】

读书要选好书，选有用的书。读起来要认真、要投入，从头读到尾，一直仔细读，这样才有收获。读完一本再换另一本读。这看一点，那看一点，知识零乱，记不住，就白读了。专心致志，读懂、有真收获才好。

循 序 渐 进①

【原文】

循序而渐进②，熟读而精思。

【注释】

①语出宋代朱熹《读书之要》。②循序：按照次序。循：照着、依照。

【原文大意】

按照次序一步步地进取，反反复复地阅读并深入思考。

【要点提示】

这是成语"循序渐进"的原发句。学习应该有计划、有步骤地进行。这就像要上楼，得沿楼梯一级一级地登高，才能上到二楼、三楼以至顶楼。拿登楼说，总不能一蹴而就，更不能一步登天。学习要按部就班地进行，扎扎实实地去学。这里就要反反复复地去读，熟读、读熟；同时要认真深入思考，把知识真正学到手。

循循善诱，渐渐提高①

【原文】

颜渊曰："夫子循循然善诱人②。"

【注释】

①语出《论语·子罕》。②循循：有次序。诱：诱导，引导。

【原文大意】

颜渊说："老师非常善于有次序地引导我们学习。"

【要点提示】

我们知道，"一步登天"是不可能的。即使上二楼、三楼，也得一级一级地登梯而上。所以，学习也得一步一步有计划、有次序地去学。也只有如此，才能由浅入深，由易及难，由少积多，把知识学到手。"循循善诱"这一成语源于这段文字。

记心得，记疑问①

【原文】

须预备看书日记册，遇有心得，随手摘录。苟有费解或疑问②，亦须摘出，请师讲解。

【注释】

①语出清代林则徐《林则徐家书》。②苟：如果。

【原文大意】

（读书）还需要预备记事本，记下心得体会，记下摘录；如有不懂的、疑惑的也要记下，以便向老师请教。

【要点提示】

这是会读书的人的读书方法。要随读随记精彩片段；随读随记心得体会；随读随记读不懂的文段、词语；随读随记疑惑的问题，以便求教。这样做，该收获的收获了，该存疑待问的存疑了，该请教的去请教。这才叫真正掌握读书方法。

别 "孤陋寡闻"①

【原文】

独学而无友②，则孤陋而寡闻③。

【注释】

①语出《礼记·学记》。②独学：指一个人闷头自己学习。③孤陋寡闻：指知识浅薄，见闻不广。

【原文大意】

只一个人埋头学习，没有学友帮助，容易陷入知识浅薄、见闻不广的地步。

【要点提示】

这句话是成语"孤陋寡闻"的出处。学习是要以一己苦学为主，但也须扩大思维面，开阔眼界。有学友共学，可切磋学艺、交流体会、共同探讨，可互帮共进。孔子说："有朋自远方来，不亦乐乎？"这里的"朋"就是同学。有老同学相见，不正是互学的好机会吗？"孤陋寡闻"是会被嘲笑的。

学者贵能博闻①

【原文】

夫学者，贵能博闻也。

【注释】

①语出《颜氏家训·勉学》。

【原文大意】

凡是求学的人，都应该努力成为博学多识的人。

【要点提示】

知识之多，多如海水。如若只学了"几滴水"的知识，岂不可怜？如若学了"一勺水"、"一杯水"、"一桶水"、"一缸水"，岂不是越多越好？学习的人，力求多学多知。博学可使你眼界宽，心胸大，视野远，有远见，在与人交谈时，范围广，联想多，反应快。所以，学者，贵能博闻。

工欲善其事①

【原文】

工欲善其事②，必先利其器③。

【注释】

①语出《论语·卫灵公》。②工：工匠。③利其器：使其器利。利：指经加工使工具好用。

【原文大意】

工匠要想做好他的工作，一定要使他的工具好用。

【要点提示】

　　凡事预则立，不预则废。这是真理。工匠把工具修理得得心应手，好使用，干起活儿来又快又准又出活儿。这句格言用在人生上，彰显出学习的重要。因为学生时期的学习，就是人生的"利其器"；有"学习好"这个利器，人生的路就很坚实，就会在未来的人生道路上做出应有的贡献。

心之官则思^①

【原文】

　　心之官则思^②，思则得之；不思，则不得也。

【注释】

　　①语出《孟子·告子上》。②心：这里指脑。官：功能。

【原文大意】

　　大脑的功能就是思考。思考了，就会有收获；不思考，就不会有收获。

【要点提示】

　　人的大脑就是思考问题的。常用脑思考，大脑的功能就会越用越灵活。越思考就越会思考，就越能发现问题、破解问题，就越有成果。

学与思互不可缺^①

【原文】

　　子曰："学而不思则罔^②，思而不学则殆^③。"

【注释】

　　①语出《论语·为政》。②罔：迷惑，糊涂。③殆（dài）：危险。这里指存疑难解。

【原文大意】

孔子说："只学习却不思考，仍然糊涂；只思考却不学习，思考的疑难问题依然存在。"

【要点提示】

学习与思考必须结合。学习遇难题，要思考；思考遇难题，要学习。只有在学与思互依、互助的过程中，才能掌握推动社会发展的真知。

为学之道，必本于思[1]

【原文】

为学之道，必本于思[2]。思则得知，不思则不得也。

【注释】

①语出宋代晁说之《晁氏客语》。②本于思：思考是学习有成的前提。

【原文大意】

学习的方法，要把思考作为前提。思考了就有收获；不思考，学也等于白学。

【要点提示】

孔子说："学而不思则罔，思而不学则殆。"这里把学习和思考的辩证关系说得十分透彻。学与思是分不开的，学必思，思须学。学而不思，等于没学；思而不学，所思之事仍得不到正确的答案。思与学之间，思考更重要，所以要重视思考、学会思考。

不思，故有惑[1]

【原文】

不思，故有惑[2]；不求，故无得；不问，故不知。

【注释】

　　①语出宋代晁说之《晁氏客语》。②惑：疑惑。

【原文大意】

　　不认真思考，仍然会有疑惑；不探求究竟，就不会有收获；不能虚心求教，所以所知不多。

【要点提示】

　　思考，去发现问题；发现了问题，就去研究它，探讨它；研讨还不能解决问题，就应虚心求教。这样，才能学到真知，才能学有所得。

念虑者，知之道^①

【原文】

　　问讯者，知之本^②；念虑者^③，知之道也^④。

【注释】

　　①语出汉代刘向《说苑·谈丛》。②本：根本。③念虑：指思考。④道：指途径。

【原文大意】

　　询问，是学知识的根本；思考，是增长知识的途径。

【要点提示】

　　学习，一要问，二要思。询问，是求知、解惑的重要方法；思考，是找问题、探求疑惑的重要途径。不思考，不能求真知，不能探真理；思考，是求知必备的条件，是发现问题、提出疑惑的前提。有了疑问，通过再学、求教才能解决。解除了疑惑，学习又进步了！

学因思而益精^①

【原文】

　　学而思，则学因思而益精^②；思而学，则思因学而有据^③。

【注释】

①语出明代孙应鳌《四书近语》。②益：更加。③据：根据。

【原文大意】

学习时，勤于思考，学因思考会更加精深；思考时，不忘学习，思因学习会使思更有根据。

【要点提示】

认真学习，又认真思考，学习加思考会使学习更深入、更细致、更牢固。在认真思考的同时，又认真学习，思考但有不明之时，学习就会神助，使思的结豁然开通。这是学用思帮，思用学助。思、学结合，学得会多、会深、会透，达到学习的目的。

不愤不启，不悱不发①

【原文】

子曰："不愤不启②，不悱不发③，举一隅不以三隅反④，则不复也⑤。"

【注释】

①语出《论语·述而》。②愤：苦苦地想，也想不出办法。③悱(fěi)：想表达，就是不知如何表达。④隅：墙角。⑤复：再，指不再教了。

【原文大意】

孔子说："不到他想不出办法时，不去启发他；不到不知如何表达时，不去开导他。举出一个墙角，而不知有另外三个墙角，就不再教他了。"

【要点提示】

成语"举一反三"源于此。意思是：老师举出屋中一个墙角，你不能指出另三个墙角，说明你学习时不肯动脑子。不动脑，不真学，老师怎么教呢？学习是要动脑子的。所以孔子倡导"不愤不启"、"不悱不发"的启发式教育。只有学习目的明确，学习肯用心动脑，启发教育才起作用。也只有这样，才能学得好，记得牢，学习有长进、收获。

口而诵，心而维①

【原文】

口而诵②，心而维③。朝于斯④，夕于斯⑤。

【注释】

①语出宋代王应麟《三字经》。②诵：诵读。③维：思考。④朝（zhāo）：指白天。斯：代词，这。⑤夕：晚上。

【原文大意】

读书时，口里朗读着，心里思考着，白天要学习，晚上还要学习。

【要点提示】

书要读，诵读，出声读；边读边思考。孔子说："学而不思则罔"，读书必须思考，才能学懂，学个明白。学习一事，要抓紧时间，白天读书、学习，晚上也要充分利用时间攻读。读得多，学得多，才能日积月累，丰富自己，提高自己。

闻一以知十①

【原文】

子曰："回也②，闻一以知十③。"

【注释】

①语出《论语·公冶长》。②回：孔子最优秀的学生颜回。③闻一知十：听到一个道理，可以推知十个相关的道理。

【原文大意】

孔子说:"颜回,听到一个道理,可以推知十个相关的道理。"

【要点提示】

颜回的优点之一是善于独立思考,所以他能闻一知二、知三……知十。由于善思,所学的就比一般人收效好,收获大。学习,一定要思考,越思考就越会思考,大脑越用越灵活,就越会学。"闻一知十"这一成语源于此。

圣人有所不知^①

【原文】

日月有所不照,圣人有所不知。

【注释】

①语出东晋葛洪《抱朴子·内篇·辨问》。

【原文大意】

日月有光,也有照不到的地方;圣人明智,也有不知道的学问。

【要点提示】

宇宙无限大,时间无限长,它们所包含的内容也是无限多的。因此,知识是无限多的。正如日月有照不到的地方,圣人也有不知道的知识。连圣人都有不知道的知识,何况我们普通人呢? 圣人所不知道的知识,不是少,而是无限多。因此,我们常人更需努力学、坚持学,不懂的就学,就问!

子 入 太 庙^①

【原文】

子入太庙^②,每事问。

【注释】

①语出《论语·八佾》。②子：孔子。太庙：供奉祖先牌位的神庙。

【原文大意】

孔子到祭祀周公的太庙，对那里的每件事都仔细地询问。

【要点提示】

孔子一生，虚心好学。对知识，孔子都会认真地学习。不知就问，不会就学。以"子入太庙"为例。对周礼孔子是熟悉的，对周公孔子是了解的，即使如此，进入太庙他每件事都虚心请教。这样，变不知为知，使已知能温习，巩固知识。孔子认真学习、虚心学习的精神，是我们学习的好榜样。

君子之学必好问①

【原文】

君子之学必好问。问与学，相辅而行者也②，非学无以致疑③，非问无以广识④。

【注释】

①语出清代刘开《孟涂文集》。②相辅而行：相辅相成地进行。③无以：没有办法能……④广识：增加知识。

【原文大意】

君子在学习时一定好提问题。提问和学习，是相辅相成地进行着，不学就无法发现问题，不问就不能增长知识。

【要点提示】

学与问，是相互依存、共同推进的关系。学了，动了脑子，就能发现问题；发现了问题，提出存疑求教，有了正确答案，自己又增加了知识。继续学，继续思，继续问，你的知识面就会扩大，与时俱进，与日俱增。

学问、学问，学而问①

【原文】

知而好问②，然后能才③。

【注释】

①语出《荀子·儒效》。②知：即智，指聪明。好问：不懂就问。
③才：人才。

【原文大意】

聪明好学，不懂就问，这样才能成为人才。

【要点提示】

聪明，很好，这是成才的好的前提；好学，很好，只有学习才能用
知识、技能武装自己；好问，很好，不懂就问，随时解开存疑的问题，
使学习不断向前推进。也只有这样，日积月累，量变导致质变，才能使
自己成为人才。

好 问 则 裕①

【原文】

《书》不云乎②？"好问则裕③。"

【注释】

①语出清代刘开《孟涂文集》。②《书》：《尚书》。③裕：富裕。

【原文大意】

《尚书》里不是说了吗？"好问，则知识多，技能好。"

【要点提示】

学而知之，学而能之。求学求进，常有不懂的、不明的东西。不知

就学，不懂、不明就问。问了，答了，变不知为知，变不明为明。这样，知识就多了，道理、方法就明了。学习中动脑子，发现的问题越多，问的越多，学的也就越多了。所以"好问则裕"。

向道之所成者学^①

【原文】

贵可以问贱^②，贤可以问不肖^③，而老可以问幼，唯道之所成而已矣^④。

【注释】

①语出清代刘开《孟涂文集》。②贵、贱：指社会地位、身份的高低。③不肖：指不成器的人。④道之所成：指在学习的某个方面有成就。

【原文大意】

社会地位高的人可以向身份低的学习，道德才能高的人可以向不成器的求教，老人可以向幼儿学点知识，只要他们在学习的某个方面有成就。

【要点提示】

求教，为增知解惑。只要能帮自己提高，所求的人的身份、地位、贤愚、老幼都不要紧，谁懂向谁学，谁会向谁学，谁能向谁学。

敏 而 好 学^①

【原文】

敏而好学^②，不耻下问^③。

【注释】

①语出《论语·公冶长》。②敏：机敏。③不耻下问：不以下问为耻。下问：指向学问、地位不如自己的人求教。

【原文大意】

又机敏，又好学，不以向不如自己的人请教为羞耻。

【要点提示】

虚心向别人学习，这是好的品德。能虚心向能力不如自己的人学，能虚心向地位不如自己的人学，能向辈分低的人求教，这是优秀品质。不知就学，不懂就问，谁知、谁懂谁就是老师。能下问，能好学就能日有所知，时有所学，这样才能成才。

心有疑，随札记①

【原文】

心有疑②，随札记③；就人问，求确义④。

【注释】

①语出清代李毓秀《弟子规》。②疑：疑问，不懂的地方。③随：随手。札：古人写字的木片，这里指纸、本。④确义：指正确的答案。

【原文大意】

读书时碰到不懂的地方，马上记下来；有机会就向人请教，求得正确的答案。

【要点提示】

读书、学习要动脑子，边读、边学、边思考。思考不解的地方，随手记下来，以便向有关人请教，求得解析。读书的目的，是要读懂学会，掌握知识。那就要有疑则问，不白学。要真懂、真会、真掌握所学。

为学，患无疑①

【原文】

为学，患无疑②；疑，则有进。

【注释】

①语出宋代陆九渊《语录下》。②疑：疑问。这里是提出疑问。

【原文大意】

学习时，怕的是提不出问题；能提出问题，才可能真有长进。

【要点提示】

学习，不仅是看书，模仿着做；学习，需要边看书、边学做法，同时要动脑子，多问个"为什么"。能提出问题，说明你对所学的东西认真思考了，不仅"知其然"，还要"知其所以然"。只有思考、探究原因，才能深入研究，具体了解；也只有这样，你才能获得真知。

以能问于不能①

【原文】

曾子曰："以能问于不能②，以多问于寡③。"

【注释】

①语出《论语·泰伯》。②能：才能。③多、寡：指知识的多、少。

【原文大意】

曾子说："有才能的人也应向没才能的人求教，知识多的人也应向知识少的人学习。"

【要点提示】

"尺有所短"，自己虽有长处，也应看到自己的不足。因此，我们也要向"不如"我们的人学习。学什么？学他们的优点、长处，以补自己的不足。这里，我们需要虚心，不要认为自己比别人强，要看到别人的长处，要肯于认真向别人学习，取长补短，充实提高自己。

无留善，无宿问^①

【原文】

无留善^②，无宿问^③。

【注释】

①语出《荀子·大略》。②善：善事，好事。无：通"勿"，不要。③宿：指隔夜，由今天延至明天。

【原文大意】

不要错过好事没做，不要把问题拖到第二天再问。

【要点提示】

是善事，该做就去做，不要错过做善事的机会。见善事不做，也应看作失职了。同样，有了问题，该问就要问，要抓紧问。早问早解决疑问，早提高。拖时而问，延迟学习进展，也是个损失。

只学、不问，钝汉^①

【原文】

有学而无问，虽读书万卷，只是一条钝汉尔^②。

【注释】

①语出清代郑板桥《随猎诗草·花间草堂跋》。②钝汉：笨蛋。尔：罢了。

【原文大意】

只顾学，不动脑，不发问，虽然读了万卷书，仍然是个笨书呆子罢了。

【要点标示】

学习是人生必须重视的一件大事；不学，无知，难以生存。学习不只是看书、听课、介入社会生活。在看、听、介入社会生活的同时，还要思考、要发现问题、要向懂得的人发问，解决存疑。只有边学边思边问，才能学懂、掌握知识。不然的话，读书再多，对所学的知识没消化、吸收，也就没长进。郑板桥说："只读不问，读书万卷，也还是个笨蛋。"这话虽难听，也确实如此。

好学而不勤问①

【原文】

好学而不勤问，非真能好学者也。

【注释】

①语出清代刘开《孟涂文集》。

【原文大意】

喜欢学习，又不多提问题，不是真正能做到好学。

【要点提示】

学习，尤其是认真学习，不可能没有不懂的地方，不可能没有疑问。有了问题，就该求教、该问，以明事理、增知识。有了问题不问，或不多问，存疑解决不了，存疑越来越多，所学的东西被一大堆存疑阻碍着，你能学懂学透吗？没学懂、学透，知识没到手，事理没明白，这哪儿是真正的学习呢？所以，学习中发现问题就要问，解决了问题，扫除了障碍，你才真正掌握了知识，学懂了事理。

不好问，何以立躯①

【原文】

不好问询之道，则是伐智本而塞智原②，何以立躯也③？

【注释】

①语出汉代刘向《说苑·建本》。②伐：切断。原：同"源"。③躯：身。

【原文大意】

不喜欢向别人请教，就像切断智慧的根，堵塞智慧之源一样，这样做怎么在世上立身呢？

【要点提示】

知识的汲取，一靠书籍文献，二靠有知识、有经验的人传授。所以，不虚心向别人学习，不去向人请教，就断了一个求知的主要渠道。知识不多，知识不全面，是很难在社会上发展的。

人不知而不愠^①

【原文】

人不知而不愠^②，不亦君子乎？

【注释】

①语出《论语·学而》。②愠：生气。

【原文大意】

人家没学懂，向你请教多次，你也不生气，这样做，不也是君子吗？

【要点提示】

不知就学，不懂就问，这是对学习应有的态度。当别人没懂向你请教时，你要有耐心地回答，哪怕回答了几次，你都很有耐心，不生气，这是对人负责、助人为乐的好品质。

学为用，用在行^①

【原文】

学、问、思、辨、行五者，第一不容缓莫如行。

【注释】

①语出清代王夫之《读四书大全说》。②莫如行：没有比实行更重要。

【原文大意】

　　学习、提问、思考、辨析、实行这五个方面，没有比实行更重要的。

【要点提示】

　　学习，不是摆摆样子给人看的，也不是让你能说会道的，更不是混个文凭谋个工作。学习，经读书、提问、思考、辨析之后，把学到、掌握的知识，运用到实践中去，学为用。用学到的使自己成为有道德、有知识、有能力的人，为社会做出有益的贡献。

知而不行，与不知相同①

【原文】

　　生而不知学②，与不生同；学而不知道③，与不学同；知而不能行④，与不知同。

【注释】

　　①语出宋代黄晞《聱隅子·生学篇》。②生：活着的时候。③道：道理。④行：实践，实行。

【原文大意】

　　人活着，如果不学习，和没活过一样；学习了，没学懂，和没学过一样；学懂了道理，可是不做，这和没懂道理一样。

【要点提示】

　　所有的人都必须学习，不学就不会懂得人生的意义、人生的道理、人生的活法。懂了的，要去做，不去实行，等于白学。如果不学、不懂、不做，那么活着等于白活一场。

知一字，行一字①

【原文】

　　为学无别法，只是知一字，行一字，知一句，行一句，便有益。

【注释】

①语出明代薛瑄《薛文清》。

【原文大意】

学习，没有别的方法，只需学一点、做一点，学一句、做一句，定有好处。

【要点提示】

学为用。学习就是为了用，为用而学，这是目的。学了就要用，学点就用点，这是学习方法。只有学了就用，才能把学的东西学好。用了，才知学得对不对，才知是否学透了，这是验证学习效果的方法。因此，我们必须把学与用结合起来，把知与行统一起来，这是学习最重要、最好的方法。

纸上得来终觉浅①

【原文】

纸上得来终觉浅②，绝知此事要躬行③。

【注释】

①语出宋代陆游《冬夜读书示子聿》。②纸上：指从书上学。③躬行：亲自去实践、体会。

【原文大意】

从书本上学的知识还是浅，要想获得真知还得靠亲自实践、体会。

【要点提示】

"实践出真知"，这是真理。光从书本上学，知识是有限的。有些知识抽象，学起来总觉得欠深入、欠全面、欠具体。学与行结合的话，把学过的知识通过实践去检验，得来的知识才是具体的、深入的、全面的。我们不仅要重视书本知识的学习，还要重视实践知识的学习。

知艰，行更艰^①

【原文】

非知之艰，行之惟艰^②。

【注释】

①语出《文中子中说·魏相篇》。②惟：只，只有。

【原文大意】

并不是只有学习知识艰难，做起来会更艰难。

【要点提示】

学习是重要的，必学。学习知识并不容易，要付出巨大的努力才能真有收获、大有收获。学来的东西，是要用的。实践所学的东西，比仅仅学知识，需要付出更大的努力、更多的心血，需要坚忍不拔的耐心和毅力的投入。学习难，做起来更难。但，再难，我们也要把学的知识付诸实践，把所学的变成所用的。

行之力，则知愈进^①

【原文】

行之力^②，则知愈进；知之深^③，则行愈达^④。

【注释】

①语出清代张伯行《学规类编》。②力：努力。③深：深厚。④达：通达。

【原文大意】

越是注重实践，所学的知识就越多；知识积累越是深厚，做起事来就越能成功。

【要点提示】

　　这里讲的是知与行的关系。知，学了知识，就该用，该实践。学了，用了，所学的知识就越巩固。"温故而知新"，实践中对所学还会有新的体会，促使你学得更多。知识积得越来越多，越深厚，用得也就更方便，更灵活，更有效。知，实践，使得自己长进更快，工作更顺手，效果会更好！

读书人要有志、有识、有恒①

【原文】

　　士人读书②，第一要有志，第二要有识③，第三要有恒④。

【注释】

　　①语出清代曾国藩《曾国藩家书·劝学篇》。②士人：指读书人。③有识：有见识。④有恒：有恒心，能坚持。

【原文大意】

　　读书人读书，有三点要做到：第一是要立大志；第二是要有见识；第三是要有恒心。

【要点提示】

　　人要有志，有志才能成事；有大志，才能成大事。人要有识，有见识就能知正误、辨真伪、知方向、走正道。人还要有恒心，有恒心就能朝着选定的人生目标坚定地走下去，不达目的，誓不罢休。这三点是人生走向成功的三大保障。

立志、立心、行事①

【原文】

　　立志以明道希文自期待②，立心以忠信不欺为主本③，行已以端庄清慎见操执④，临事以明敏果断辨是非⑤。

【注释】

　　①语出清代张镒《浅近录》。②希文：指追求学问。③主本：根本。④操执：指操行品质。⑤明敏：明快敏捷。

【原文大意】

　　立志，以明事理、求学问为目的；立心，以讲忠信、不欺骗为根本；行事，以端庄、清白、谨慎为品行；遇事，以明快敏捷果断的方法分辨是非。

【要点提示】

　　我们要立志以明奋斗目标；立心以讲忠信为处事原则；行事要树庄重、高尚的形象；临事处理要明确果断。这是我们为人处世的原则。

立 志 要 真①

【原文】

　　且苟能发奋自立②，则家塾可读书③，即旷野之地、热闹之场，亦可读书，负薪牧豕④，皆可读书。苟不能发奋自立，则家塾不宜读书，即清净之乡、神仙之境，皆不能读书。何必择地，何必择时，但自问立志之真不真耳⑤。

【注释】

　　①语出《曾国藩家书》。②苟：如果、倘若。③家塾：封建社会时在自己家请老师开办的教书场所。④薪：柴。豕（shǐ）：猪。⑤耳：罢了。

【原文大意】

　　假如真能发奋自立，那么，在家中也可以读书，即便在旷野之地、在热闹的场合，照样可以读书，就是背柴时、放猪时也可以读书。假如不能发奋自立，在家也读不了书，就是在清净无扰的乡间、在神仙住的地方也无心读书。要读书，何必选什么地点、选什么时间呢？看来，还是审视一下自己是不是真的要发奋努力地学习。

【要点提示】

读书，要明确目的；下功夫读书，必须有正确的动机，必须立志发奋。发奋自立，读书就不会选什么场合、挑什么时间、讲什么条件了。

自强不息①

【原文】

天行健②，君子以自强不息③。

【注释】

①语出《易经·乾》。②健：刚健。③自强不息：自己努力向上，永远不休止。

【原文大意】

自然界的运行，刚健有力，周而复始。君子应该像自然界那样，自己努力向上，永远不休止。

【要点提示】

大自然蓄力无穷，刚健无比，依其规律运行，一刻也不停息。君子应该向大自然学习，努力奋斗，日日进取，永不停止。只有这样，才能使自己有德、有才、强盛，才能使自己积蓄战胜一切困难、迎取胜利的智慧、能力。

要有天下之志①

【原文】

莫为一身之谋②，而有天下之志。

【注释】

①语出《历代圣贤家训》。②一身：一己，自己。

【原文大意】

　　不要只为自己谋利，而要为天下人打算。

【要点提示】

　　只为自己谋利，那是小人的做法。孔子讲"小人喻于利"。我们要树公心，立大志，要以天下为己任。孔子讲"君子喻于义"。义，就是于国于民有利的事。我们从小就该有"天下为公"的大志，要志存高远，为中华民族的复兴伟业，做出贡献。

羽丰才能高飞①

【原文】

　　毛羽不丰满者②，不可以高飞。

【注释】

　　①语出《战国策·秦策》。②毛羽：指鸟儿的羽毛。

【原文大意】

　　羽毛不丰满的雏鸟，是飞不高的。

【要点提示】

　　鸟要飞，靠翅膀；鸟要高飞，要靠丰满坚实的翅膀。人要在社会上做些贡献，就要有想法，有志气。人要想做大事，有大的贡献，就应该有远大的理想，要立大志。诸葛亮说过，人要"志当存高远"。

人品、学问，成于志①

【原文】

　　人品、学问，俱成于志气；无志气人，一事做不得②。

【注释】

　　①语出清代申居郧《西岩赘语》。②得：指"成功"。

【原文大意】

高尚的品德、渊博的学问，都源于有志气。没志气的人，将一事无成。

【要点提示】

"有志者，事竟成"，这是自古以来家长教育孩子，老师鼓励学生常用的话。这是真理。有志，有奋斗目标，就有拼搏的动力。拼搏，只要坚持，就能成功。人品的高尚、学问的渊博，也都和人的大志有直接关系。

无志，无事可成①

【原文】

志不立②，天下无可成之事。

【注释】

①语出明代王守仁《教条示龙场诸生》。②志不立：指从来没立志。

【原文大意】

一个从来没有志向的人，将一事无成。

【要点提示】

最贫是无才，最贱是无志。一个人若无志，就像大海中的无舵之舟，像在沙漠中的无勒之马，胡乱任意漂荡、奔跑，难道说会有什么好结果吗？无志者，将一事无成。

事必有志而后可成①

【原文】

事必有志而后可成，志必加厉而后不怠②。

【注释】

①语出明代吴与弼《厉志斋记》。②厉：同"励"，勉励。怠：松懈。

【原文大意】

做事情，你得先有志而后才能成功；立了志之后还得不断勉励自己而后才不会松懈。

【要点提示】

无志，无事可成；立志，才有成事的可能。这里要说的是：立了志之后，还须不断地鼓励自己、提示自己坚持，千万不可懈怠，要坚持下去，"咬定青山不放松"（郑板桥诗句），不管有任何困难，"千磨万击"都要坚持到底，定能实现梦想。

心不清，无以见道①

【原文】

心不清则无以见道②，志不确则无以立功③。

【注释】

①语出宋代林逋《省心录》。②清：清澈纯洁。道：指真理。③确：确定。这里指坚定。

【原文大意】

心存杂念，就不能获得真理；志向不坚定，就不能建功立业。

【要点提示】

人活着，不能糊里糊涂，要活个明白。那就应该知道世上的真理。真理就是人生指南，有了它就活得明白，活得有意义，活得有价值。追求真理，不得有杂念。有了真理，就有了理想。实现理想，就要奋斗，就要坚定。人有真理，有理想，有坚持，才能为国建功立业。

患立志不高①

【原文】

人之生，不患气质之不美②，而患立志之不高。

【注释】

①语出明代吴与弼《尚友轩记》。②患：担心。气质：指风格、气度形成的素质。

【原文大意】

人的一生，不必担心他先天的素质好不好，应该担心他是不是有远大志向。

【要点提示】

人的一生，怕的是没有大志；没有大志，就干不成大事。只有立了大志，才能有奋斗目标、奋斗动力；坚持奋斗，只有坚持奋斗，才能完成大志，做出一番利国利民的大事。

自 恃^①

【原文】

自恃^②，无恃人^③。

【注释】

①语出《韩非子·外储说右下》。②恃（shì）：依靠。③无：通"勿"，不要。

【原文大意】

靠自己，不要靠别人。

【要点提示】

人生路上，经常会遇到困难、遇到挫折、遇到失败。这个时候，不能气馁，不能退缩，更不能向困难、挫折、失败投降！遇到这种情况，不能靠别人，只能靠自己。先冷静，分析情况，深思熟虑想办法，学会自己克服困难，扭转局面。要知道，从来就没有什么救世主，全靠自己救自己。

立志在坚不在锐^①

【原文】

立志在坚不在锐^②，成功在久不在速。

【注释】

①语出宋代张孝祥《论治体札子》。②锐：锐利。

【原文大意】

立志，要坚定，不要多变。成功在长久坚持，不是求速。

【要点提示】

欲速则不达。凡事不能只求快速兑现，要能通过坚持努力，才能成功。立了大志，坚持奋斗才能实现理想。再有，立志不可多变，变来变去，时间飞速过去，哪个志向也难以实现。

要坚忍不拔^①

【原文】

立大事者^②，不惟有超世之才^③，亦必有坚忍不拔之志^④。

【注释】

①语出宋代苏轼《晁错论》。②立：指"做"。③惟：只，仅。④坚忍不拔：指（在艰苦困难的情况下）坚持，不动摇。

【原文大意】

做大事的人，不仅仅要有超过一般人的才华，也必须有坚忍不拔的精神。

【要点提示】

做大事的人要立大志。实现大志所需要的是不屈不挠、始终向前、

坚持到底的战斗意志。只有坚忍不拔才可以使你达到目的。坚忍不拔是
每一个成功者战胜困难必备的品质。

学松柏，要坚强①

【原文】

　　子曰："岁寒②，然后知松柏之后凋也③。"

【注释】

　　①语出《论语·子罕》。②岁寒：指一年当中最冷的时候。③凋：指
叶的凋落。

【原文大意】

　　孔子说："只有到了天气最冷的时候，才知道松柏是最后凋落的。"

【要点提示】

　　困难，是人生常伴左右的客观存在；失败是设在成功之路上的一道
道障碍。要想成功，就要奋斗，就要克服一个又一个困难，就要经受得
起一次又一次的失败。要想成功，就要像松柏一样，必须经受得起严寒
的考验。战胜困难、战胜失败就要有坚忍不拔的品质，只有这样才能走
向成功。

勿自暴，勿自弃①

【原文】

　　勿自暴②，勿自弃③；圣与贤，可训致④。

【注释】

　　①语出清代李毓秀《弟子规》。②自暴：自甘堕落。③自弃：不求进
取。④训致：通过努力，循序渐进，可以达到。

【原文大意】

不要自己不求进取，更不该自甘堕落。要努力向上，以圣贤为榜样，只要认真向他们学，循序渐进，就一定可以达到学习的目的。

【要点提示】

要珍重自己，要相信自己，要找准努力奋斗的方向，要选取有效的方法，依照圣贤的教导，坚持下去，循序渐进，那么成为一个品德高尚的人是可以逐渐做到的。要努力向上，绝不自暴自弃，做一个有益他人、有益社会、有益人类的德才兼备的人。

昔孟母，择邻处^①

【原文】

昔孟母^②，择邻处^③；子不学，断机杼^④。

【注释】

①语出宋代王应麟《三字经》。②昔：从前。孟母：孟子的母亲。③处：相处。④机杼（zhù）：织布机上的梭子。

【原文大意】

从前，孟子的母亲为了使孟子有个好的学习环境曾三次搬家。一次孟子逃学回家，孟母割断机织的布来教育他。

【要点提示】

孟母三迁的故事，自古而今，家喻户晓。这是一个关爱子女、教育子女的典范实例。孟子三岁时，他父亲就去世了。当初，他家住在墓地附近，小孟子常和小朋友一起演习丧葬礼事。于是孟母把家搬到市镇上，没料到街坊是屠夫，小孟子又模仿屠杀牲畜的动作。于是孟母再迁，搬到学校附近。学校传出朗朗的读书声，使得小孟子喜欢读书了。孟母高兴地在学校附近定居了。这就是孔子倡导的"里仁为美"。教育子女要有针对性，要及时，要注意方法。孟子逃学，孟母用"断机杼"的方法告诫儿子：学习如织布，不可中断；坚持不懈，才可以成为有用之材。孟母的教育方法，值得我们学习借鉴。

一代更比一代强①

【原文】

青②，取之于蓝而青于蓝③；冰，水为之而寒于水。

【注释】

①语出《荀子·劝学》。②青：一种染料。③蓝：蓝草，一种可以提取青染料的植物。

【原文大意】

青这种染料是从蓝草当中提取出来的，它比蓝草的颜色要深；冰，是因寒冷由水凝固而形成的，它却比水要寒冷。

【要点提示】

学习可以使人进步；学多了，学透了，可以导致量变到质变，使学习的人有超常的飞跃。因此，社会在进步，青年一代不仅能与时俱进，而且会超过前人。好好学习，长江后浪推前浪，一代更比一代强。

学国学　用国学

健体

育德·劝学·健体

正气存内，邪不可干①

【原文】

正气存内②，邪不可干③。

【注释】

①语出《黄帝内经》。②正气：指人体的生理机能抗病能力很强。③邪：指侵害人体健康的各种致病因素。干：干扰。

【原文大意】

人体自身的抗病能力强，侵害人体的各种致病因素就起不到干扰破坏作用。

【要点提示】

人生病与否，得了病是否能很快康复，主要取决于人体自身免疫力的强弱程度。人体免疫力强，就少得病、抗病能力强；人体免疫力弱，邪气易侵，人就易病，病了也难康复。所以我们要养成好的生活习惯，加强锻炼，保护好人体正气，健康地生活、学习。

养生、养心，读圣贤书①

【原文】

凡人养生之道，无过于圣人所留之经书②。凡存心养性、立命之道③，无所不具故也。

【注释】

①语出清代纪晓岚《帝范观止》。②经书：指四书五经。③立命之道：选择正确人生道路。

【原文大意】

人养生的方法，没有比读圣贤书更好的了。保存善心、选择人生正道的方法，在圣贤书里都具备了。

【要点提示】

古代圣贤留下的遗训，教人有爱心、善心、孝心、忠心、诚心、信心、羞耻心、感恩心……一个人认真学、用圣贤的这些教导，就会做到"存心养性"、"立命之道"的达标程度了。读圣贤书，正道直行。

饮食不节，以生百病①

【原文】

饮食不节②，以生百病。

【注释】

①语出三国时期嵇康《养生论》。②节：节制，控制。

【原文大意】

饮食若不加节制，各种各样的病就有可能会发生。

【要点提示】

饮食得调配好，吃食得有节制。从小注意有节制，长大才会有个好身体。

节食则无疾①

【原文】

节食则无疾②，择言则无祸。

【注释】

①语出宋代何坦《西畴老人常言》。②疾：生病。

【原文大意】

节制饮食，就不会生病；选择说话的内容，就不会招灾惹祸。

【要点提示】

　　常言道"吃饭七八分饱"，就能有效地控制体重，就不会因贪食而导致多种疾病产生。人说话也是，多嘴、乱说，往往把话说错、把事搞砸。节食、择言，这是护身的法则。

人之受用，自有剂量①

【原文】

　　人之受用②，自有剂量③，省啬淡泊④，有久长之理，是可以养寿也。

【注释】

　　①语出宋代罗大经《鹤林玉露·俭约》。②受用：享用。③剂量：限量。④省啬：节俭。淡泊：寡欲。

【原文大意】

　　人体的正常需求，是有限量的。应该节俭，应该少有欲望，要考虑周全、长远，这样才可以长寿。

【要点提示】

　　人的生存需求是有限量的。不足，影响生长；过量，会畸形发育。因此需求要适度，要限食、少欲，这样才能健康。

食 能 以 时①

【原文】

　　食能以时②，身必无灾。

【注释】

　　①语出《吕氏春秋·尽数》。②以时：按时。

【原文大意】

　　能按时进食，身体就安康。

【要点提示】

一日三餐，定时定量，符合人体的吸收、消化、排废的要求。所以能保证人的需求，保证身体的健康。

食不语，寝不言①

【原文】

食不语，寝不言②。

【注释】

①语出《论语·乡党》。②寝（qǐn）：睡觉。

【原文大意】

吃饭的时候不交谈，睡觉前不再说话。

【要点提示】

吃饭时交谈，影响进食，更影响消化。睡前说话，会因兴奋而难以入睡。吃饭时、睡觉前不说话，有利于身体健康。

喜怒有节，真怒少①

【原文】

世人欲识卫生道②，喜怒有节真怒少。心诚意正思虑除，顺理修身去烦恼。

【注释】

①语出唐代孙思邈《世人欲识卫生道》。②卫生道：指卫养生命的方法。

【原文大意】

世人应知保护生命的方法，高兴生气应不过分，特别不能动真怒、大怒。心有爱、有正气，少忧愁、少思虑，依常规来修身养性，排除一切烦恼。

【要点提示】

孙思邈是唐代著名医学家，他告诉我们：高兴、生气都要节制，切不可大怒，怒伤肝。他还要求我们做一个"心诚意正"的正直的人，保持平和心态，去掉忧思、烦恼，优选养生的方法，这样才能保证身心的健康。

勿汲汲于所欲①

【原文】

勿汲汲于所欲②，勿涓涓怀忿恨③，皆损寿命；若能不犯者，则得长生也。

【注释】

①语出唐代孙思邈《备急千金要方》。②汲汲：形容心情急切，努力追求。③涓涓：形容细水缓流的样子。

【原文大意】

不要心急火燎地追求欲望，也不要长时期怀恨在心，这样做都是损害健康的。若是不这样做，就能长寿。

【要点提示】

欲望，人人有；奢望，不该有。是奢望，又匆匆不停地追求，身心都受损伤。恨，有时难免；长恨，不该，长恨于心等于慢性自杀。不贪欲，不长恨，有益于身心健康。

利则取之，害则舍之①

【原文】

今有声于此，耳听之必慊②，已听之则使人聋，必弗听。有色于此，目视之必慊，已视之则使人盲，必弗视。有味于此，口食之必慊，已食之则使人瘖③，必弗食。是故圣人之于声色滋味也，利于性则取之④，害于性则舍之，此全性之道也。

【注释】

①语出《吕氏春秋·本生》。②慊（qiè）：满足，惬意。③瘖（yīn）：同"喑"，嗓子哑，失音。④性：指健康的身体。

【原文大意】

有好声音在此，听了一定很爽快，常听会导致耳聋，一定不要常听。有美色在此，看了一定惬意，常看会导致眼瞎，一定不要常看。有美味在此，吃了一定满意，常吃一定会导致音哑，一定不要常吃。所以圣人对于声色美味，利于身体健康就去欣赏，有害于身体健康就放弃，这是保证健康的方法。

【要点提示】

好声音、美色、美味，人人喜欢。可听、可看、可尝，但不可贪，不可过度。过于贪恋，过了度就有可能导致伤害，会使人耳聋、眼瞎、音哑。要合理、有度地去听音乐，观美景、美色，品尝美食，但千万不要过了度。否则，会伤害自身的健康。

饥饱无度则伤脾①

【原文】

饥饱无度则伤脾，思虑过度则伤心，色欲过度则伤肾，起居过常则伤肝，喜怒悲愁过度则伤肺。

【注释】

①语出《华氏中藏经卷上·劳伤论》。

【原文大意】

饥饱没有保障就会伤脾脏，思虑过度就会伤心脏，色欲过度就会伤肾脏，起居没规律就会伤肝脏，喜怒悲愁过度就会伤肺脏。

【要点提示】

为了保证健康，就必须注意自己的行为要有度。起居有时；三餐定时限量；情绪的喜怒哀乐要控制，要合情合理，恰当地予以表达；起居、生活要有规律。这些都做得好，就能使自己的健康得到保证。

遁焉，性恶得不伤[①]

【原文】

世之贵富者，其于声色滋味也多惑者[②]，日夜求，幸而得之则遁焉[③]，遁焉，性恶得不伤[④]？

【注释】

①语出《吕氏春秋·本生》。②惑：迷惑。③遁：顺着。④性：指身体。恶（wū）：怎么。

【原文大意】

世上那些富贵的人，他们中对声色滋味也有很多迷惑的人，他们不分日夜追求享乐，幸而得到了享乐就顺着接受。顺着接受，身体怎么会不受到伤害呢？

【要点提示】

声色滋味，人们是可以有度地去享受的，但若一味追求，只顾享受声色滋味，迟早会毁了自身的健康。

七者动精则生害[①]

【原文】

大寒、大热、大燥、大湿、大风、大霖、大雾，七者动精则生害矣[②]。

【注释】

①语出《吕氏春秋·尽数》。②精：精气。

【原文大意】

特别寒冷、特别炎热、特别干燥、特别湿润、特大狂风、特大霖雨、特大雾霾，这七种情况都会伤人的精气，是伤害身体的。

【要点提示】

外部环境对人的健康会产生很大影响。严寒、炎热、过燥、过湿、狂风、大雨、雾霾都会直接使人受到影响、受到伤害，或冻伤，或热晕，或淋雨而病，或吸入颗粒物，使人的正常生活被破坏，使人的健康严重受冲击、受伤害。

充形则生害①

【原文】

何谓去害？大甘②、大酸、大苦、大辛、大咸，五者充形则生害矣③。

【注释】

①语出《吕氏春秋·尽数》。②大：太，特别。③充形：充满身体。

【原文大意】

什么是去害？特别甜、特别酸、特别苦、特别辣、特别咸的东西，它们充满你的躯体就会产生危害了。

【要点提示】

想除去伤害身体健康的东西，必先寻找出害体之物。平日饮食中特别甜、酸、苦、辣、咸的东西，如若过量食用，且长期食用，就会对身体造成伤害。苦辣酸甜咸这五味，可用，但要限量，就可以避免伤害身体。

五色、五音、五味①

【原文】

五色令人目盲②，五音令人耳聋③，五味令人口爽④。

【注释】

①语出《老子·第十二章》。②五色：青、黄、赤、白、黑。③五音：宫、商、角、徵、羽。这是我国古代五声音阶上的五个级，相当于简谱上的 1、2、3、5、6。④五味：酸、甜、苦、辣、咸。爽：伤害。

【原文大意】

五色会让人眼瞎，五音会让人耳聋，五味会让人口伤。

【要点提示】

这是从看、听、尝三个方面说明过多地看会伤眼，过多地听会伤耳，过多地吃会伤口。无论什么都要把握好一个合适的度，超过这个度，就会引发不良后果。

久视、久卧、久坐、久立、久行①

【原文】

久视伤血，久卧伤气，久坐伤肉，久立伤骨，久行伤筋。

【注释】

①语出《素问·宣明五气》。

【原文大意】

长时间地看，会伤及血液；长时间地躺着，会伤及气；长时间地坐着，会伤及肉体；长时间地站立，会伤及骨骼；长时间地行走，会伤及筋。

【要点提示】

凡事，得掌握合理的度，超过这个度，就会事与愿违，导致伤害，导致失败。这就像久视伤血、久卧伤气、久坐伤肉、久立伤骨、久行伤筋一样。

圣人必先适欲^①

【原文】

　　凡生之长也^②，顺之也；使生不顺者，欲也。故圣人必先适欲^③。

【注释】

　　①语出《吕氏春秋·重己》。②生：指生命。③适欲：适当地满足欲望。指节制欲望，使之不过分。

【原文大意】

　　凡是使生命延长的做法，就顺着接受；使生命不能顺延的做法，就是追求欲望。所以圣人一定会节制欲望，不使欲望过分。

【要点提示】

　　人有欲望，可以理解，是正常的。但有欲望还须适可而止，够生存、生活所需，就可以了。假如有欲望的扩大化，就不好了；假如无限制地追求欲望，那是极其危险的，是自我毁灭。所以要像圣人那样，要自觉地节制欲望。

冬避寒，夏防暑^①

【原文】

　　阴阳四时者^②，万物之终始也^③，死生之本也。逆之，则灾害生；从之，则疴疾不起^④。

【注释】

　　①语出《黄帝内经》。②阴阳四时：指一年四季的气候变化。③终始：指随季节变化，万物的生长变化。④疴疾：疾病。

【原文大意】

　　四季气候变化，是万物变化的依据，是万物生死的依据。逆着四季气候变化，就生灾害；顺着四季气候变化，就能百病不生。

【要点提示】

人要尊重自然，顺应自然。顺之者昌，逆之者亡。所以我们要健康，就该冬避寒，夏防暑，做到天人相应、天人合一。

性与命合则长生①

【原文】

性命之在人，如日月之在天也②。日与月合则常明③，性与命合则长生。

【注释】

①语出宋代白玉蟾《紫清指玄集·性命日月论》。②天：指大自然。③合：合于自然发展规律。

【原文大意】

性命对于人来说，就如同日月对于大自然一样。日月符合大自然的发展规律，就能光明常在；人的性命符合人的发展规律，身体就能健康。

【要点提示】

事物的存在、发展、消亡都是有其规律的。符合其规律，就能正常运行、发展、长存；不符合则会尽早消亡。人的生命一定要严格、认真地依照人类生存、发展的规律行事。这样才能健康长寿。

寝息失时，伤也①

【原文】

寝息失时②，伤也。

【注释】

①语出隋、唐两代孙思邈《千金要方》。②寝息：指入睡的时间。

【原文大意】

睡觉的早晚、时间如果没有规律，是会伤害身体的。

【要点提示】

睡眠和健康是息息相关的，保证睡眠才能保证健康。青少年时期，要睡足八到九个小时。入睡、起床时间要和季节相应。春夏季，白天长，夜短，所以要晚睡早起；秋季，白天、夜晚的时间差不多，所以要早睡早起；冬季，白天短，黑夜长，所以要早睡晚起。寝息合时，健康；寝息失时，伤身。

起居无节，半百而衰①

【原文】

起居无节②，故半百而衰也③。

【注释】

①语出《黄帝内经》。②起居：指日常生活。节：节制，指规律。③半百：指五十岁。

【原文大意】

生活没有规律，所以人活不到五十就衰败了。

【要点提示】

人的生活应当有规律，尤其是正在成长的青少年：早睡早起，按时吃饭，吃八分饱，注意保洁，加强身体锻炼等等。如果不注意生活的节制，则会体虚，百病入侵，那就影响了健康，人的寿命就会减损。

流水不腐，户枢不朽①

【原文】

夫流水不腐，户枢不朽者②，以其劳动数故也。饱食不用坐与卧，欲得行步，务作以散之。不尔③，使人得积聚不消之疾。

【注释】

①语出南朝梁代陶弘景《养生延命录》。②枢：门轴。③尔：这样。

【原文大意】

那流水不腐臭，门轴不朽烂的原因，就是因为经常运动的缘故。吃饱了不能坐、卧不动，要活动活动，要使所吃的东西消化。不这样，就会让人积累所吃的东西，导致消化不良的病。

【要点提示】

生命在于运动。运动对于人的健康是非常重要的。吃完饭，活动活动，可以助消化；吃饱了不动，坐和卧，容易"积食"，难消化，久而久之身体就会出现疾病。

能动能静，所以长生①

【原文】

动胜寒，静胜热，能动能静，所以长生。

【注释】

①语出南朝陶弘景《华阳陶隐居集·教戒篇》。

【原文大意】

动能战胜寒冷，静能渐消燥热。既能动，又能静，所以可以长生。

【要点提示】

运动，可活动筋骨，可强身健体，可生热御寒。静养，可调节身心，可休养生息，可渐消燥热。强健身体要能动、能静，动静结合，这样，才能保持身体健康，活得长久。

善 养 生 者①

【原文】

善养生者②，使之能逸而能劳③。

【注释】

　　①语出宋代苏轼《策别十六》。②养生：保养身体（健康）。③逸：休息。劳：劳动。

【原文大意】

　　善于养护身体的人，应是既会休息也会劳动。

【要点提示】

　　劳逸结合，即劳中有逸，逸中有劳，这样就能劳不伤身，逸不伤志，从而保证身体健康，去完成学习、工作任务。

忙中偷得一分闲①

【原文】

　　忙中偷得一分闲，即得一分调养。

【注释】

　　①语出明代张全一《水石闲谈》。

【原文大意】

　　忙碌中能抽空休息一会儿，也可以用这"一会儿"调养一下身体。

【要点提示】

　　人要学会"忙里偷闲"，在百忙中抽点时间，伸个懒腰，做做操，靠在椅子上、沙发上休息一会儿，调节、舒缓一下，就会以更充沛的精力去工作、学习、生活。

过劳则竭①

【原文】

　　精用而不已则劳②，劳则竭③。

【注释】

　　①语出《庄子·刻意》。②精：指精力。③竭：枯竭。

【原文大意】

　　使用精力不停，就会劳累；劳累而不停止，就会导致精力枯竭。

【要点提示】

　　合理地使用人的精力、体力，会有效地做出成绩的。如果超出精力、体力的极限，过于劳累，就会导致精力枯竭、体力不支，就可能会病倒。要努力奋斗，也必须量力而行。

伤血脉之和①

【原文】

　　纵耳目之欲②，恣支体之安者③，伤血脉之和④。

【注释】

　　①语出汉代枚乘《七发》。②纵：放纵。③恣：放任。支：同"肢"。④和：和畅。

【原文大意】

　　放纵耳、目的欢娱，放任肢体的舒适，就会伤及血脉的和畅。

【要点提示】

　　凡事得有度，过度就可能出问题。听音乐，高雅、悦耳，好；但听的时间过长就不好了。看电视，增知识、悦目，不错，看的时间过长，伤目了。肢体舒适，可以，过久舒适，影响血液畅通。耳、目、体贪欢过久，都会影响体内血脉的和畅。

图书在版编目（CIP）数据

学国学 用国学：育德·劝学·健体/刘方成编著.
北京：同心出版社，2014.7
ISBN 978 - 7 - 5477 - 1209 - 2

Ⅰ.①学…　Ⅱ.①刘…　Ⅲ.①国学 – 青少年读物
Ⅳ.①Z126 – 49

中国版本图书馆 CIP 数据核字（2014）第 057611 号

学国学　用国学 —— 育德·劝学·健体

出版发行：同心出版社
地　　址：北京市东城区东单三条 8 – 16 号东方广场东配楼 4 层
邮　　编：100005
电　　话：发行部：（010）65255876
　　　　　总编室：（010）65252135 – 8043
网　　址：www. beijingtongxin. com
电子邮箱：tongxinpress@ gmail. com
印　　刷：北京昌联印刷有限公司
经　　销：各地新华书店
版　　次：2014 年 7 月第 1 版
　　　　　2014 年 7 月第 1 次印刷
开　　本：787 × 1092
印　　张：14.25
字　　数：176 千字
定　　价：32.00 元